Ⓢ新潮新書

本郷和人
HONGO Kazuto

戦国武将の明暗

609

新潮社

戦国武将の明暗●目次

目次

まえがき

第1章　戦いは、なぜ起きたのか──関ヶ原考①　13

裏切り者か？　小早川／家康の論功行賞／小早川家の真の石高は？／未熟な軍事史研究／関ヶ原〝一番褒賞〟の武功とは／何故、家康は秀忠軍を待たなかったか／有名エピソードの典拠やいかに／「天下人」誕生／家康の豹変／毛利輝元の命運

第2章　直江状に、家康は怒ったか──関ヶ原考②　41

直江兼続という武将／「ナンバー2」への秀吉の熱視線／「男業と律儀」／「江戸」は「穢土」／「穢れた地」を生きる家康の精神性

第3章　天下統一とは何か──関ヶ原考③　55

「日本は一つではない」／「群雄割拠」が常態／終焉を迎えた兼続の戦い／関ヶ原余聞／正綱の「拝領妻」／信長の「天下布武」と秀吉の「惣無事令」／蒲生氏郷、家康、「都」から「鄙」に放り出された武将たち／「もう一つの

関ヶ原」

第4章　官兵衛は軍師だったのか　78

黒田官兵衛おもしろエピソード／NHKは「一夫一婦」がお好き？／官兵衛は天下をうかがったか？／戦国時代に「軍師」はいなかった!?／「敵中突破」島津兵1500人の謎／秀吉と当主の板挟みだった島津義弘／「釣り野伏せ」戦法で島津最強伝説

第5章　女城主と日本無双の勇将　98

立花道雪の「雷切」伝説／「2万 vs. 700」激戦の果て……／誾千代「女城主」誕生の謎／秀吉が「日本無双の勇将」と賞した男／「雷切丸」相伝の謎／誾千代の菩提寺と松田聖子／領地回復の丹羽長重

第6章　前田はなぜ100万石なのか　118

大谷吉継に呼応した大名たち／大谷吉継の調略／「北陸の関ヶ原」／前田利家の人望が生んだ「加賀100万石」

第7章　信長・秀吉・家康の夫人くらべ　130
「創業」と「守成」／秀忠がバツ付・子持ち・6歳上の江を愛した理由／心の傷を抱えた秀忠の「守成」／「未亡人」「お姫様」……天下人たちの女性嗜好／「淫蕩」「獣欲」とフロイスに書かれた秀吉

第8章　城と命運をともに――女たちの戦国①　145
戦国は、女だって命がけ／女城主たちの戦い／信長が愛した男たち／『戦国武将のBL（ボーイズラブ）』／井伊家の女主人、直虎／秋田美人のDNA

第9章　危機一髪の逃避行――女たちの戦国②　162
「首どもの血くさき中に寝た」戦国の女たち／『おあむ物語』の舞台や如何に／「おあむ」の次の戦国女性の語り部は……／おきくの城外脱出／〝初〟一行との遭遇／逃避行の結末／武将たちの「乱取り」

第10章　厚遇と冷遇の境界線――論功行賞　182

妹の美貌に救われた「蛍大名」／妹の尻の光で出世「蛍大名」の「男のみせどころ」／「蛍大名」の乾坤一擲に家康の論功行賞／加藤清正へのご褒美／あの家康も婿殿には甘い!?／「清正」が前面に出した公的〝戦略〟／なぜ徳川縁戚の京極高次は軽視されたか

第11章　鳥居対井伊――譜代の争い　202

戦端が開かれた伏見城攻防戦／壮烈討死に報いた家康の破格ご褒美／お家断絶続出！　末期養子が禁じられた理由／波瀾万丈！　2度もお家取り潰しにあった鳥居家／家康と重臣の後継者選定会議？／井伊直政が正室を畏怖したワケ／勇猛果敢の井伊家「赤備え」の由来／秀忠は「ガチムチ」がお好き／「家康のご落胤」説まで生んだ謎

まえがき

ぼくの本は売れません。本人は一生懸命いいことを書いているつもりなのですが、残念ながら全然。ただ今後も本を書き続けていく以上は、この厳然たる事実から目を背けるわけにはいかない。しかのみならず、自らに問わねばならない。何が理由か、と。まあ、答えは至ってシンプルですね。面白くないから。認めたくはありませんが、そうとしか考えられないわけです。

ではなぜ面白くないのか。この問いかけに対しては、複数の答えがあり得るでしょう。そこでいろいろと愚考を巡らしてみると、いくつか思い当たることがありました。その一つが、ぼくの歴史資料へのこだわりだと思うのです。

ここでこう言い切ってしまえば、かっこいいな。すかっとするな。文章を書いていて、自分でもそう感じることがある。でも同時に、それを妨げる歴史資料の存在が脳裏をよぎる。ああ、だめだ。言い切れない。確かにこうも言えるけど、ああも言えそうだ。そこにためらいが生まれ、書き方が臆病になる。もたもたしてしまう。書いている本人がいらつくのですから、読者はなおさらでしょう。爽快感が、まるでない。

たとえば、直江山城。ぼくはこの人が好きなんです。強大な徳川家康に、敢然と喧嘩を売った。男のロマンですよねえ。軍神・上杉謙信のＤＮＡを受け継ぎ、「愛」の兜《かぶと》をかぶった男。そこに異を唱えることなく、乗っていけばいい。そうは思う。だけど、つい、都合の悪いことを証明する歴史資料を思い浮かべてしまう。謙信だって他国の領民を捕らえて人身売買をやっている。義の人だなんてとんでもない。それに兜の前立ての「愛」は人を愛するじゃなく、愛宕権現《あたごごんげん》の愛だろう？

西の方《かた》、関ヶ原の戦いが展開されていた頃。直江は大軍を率い、山形の最上氏を攻めます。でも小規模な長谷堂城を陥とすことができず、肝腎の山形城へはたどり着けなかった。長谷堂城は天然の要害なのかな？　いや、そうでもないらしい。となると、直江の軍事的才覚には、戦術面で疑問符が付く。それに改めて考えてみると、なんで彼は退却する家康の背後を襲わなかったのでしょう？　そうすれば東の直江と西の石田三成で、理想的な挟撃が実現したはずなのに。直江は戦略面でも能がなかったの？　これでは、「愛の人」のイメージ台無しです。

それから、大河ドラマでも取り上げられた「軍師・官兵衛」。黒田官兵衛と竹中半兵衛は羽柴秀吉を補佐する名軍師で、彼らがいればこそ、秀吉の天下取りは成った。みんな、そうかあと納得しているんだから、これに逆らうことはない。関ヶ原の時は官兵衛は九州から天下を目指した。これまた男のロマンだなあ。しびれるなあ。

いやいやいや。盛り上がっているところに水を差して悪いんですけど、良質な歴史資料に準拠するならば、官兵衛が天下取りを目論んだなんて、とても成立する話ではありませんよ。さらに言うと、そもそも、軍師なんて代物はいないんです。だって文官でありながら、武官を統率し、教導して軍事に当たるのが軍師です。ところが日本には文官と武官の区別がない。だったら軍師がいるわけないじゃないですか……。うーん、たしかに正論かもしれませんが、みなさん鼻白むのが目に見えるようです。

万事この調子で、ぼくの議論は、すかっとしない。けれども原点に立ち戻ってみれば、ぼくは研究者なのですから、歴史資料にこだわることこそが生命線なのです。それを放棄しては、ぼくには何の価値もない。さあ、どうしよう……。

そこで本書は、いつもより「軽め」に叙述することに、心を配ることにしました。「ああでもない、こうでもない」はなるべくやめて、スピード感を大事にする。論拠にいちいち立ち返るのではなく、読みやすく。

定説を一度は疑ってかかる、というぼく本来のスタイルは、変わりがありません。ですから、叙述には、新しい発見が必ず付随するはずです。下手の考え休むに似たりとは言いながら、それでもぼくなりに随分と工夫したのが本書です。どうかご一読ください。なんだ、わりと面白いじゃないか。そう思っていただければ幸甚です。

第1章　戦いは、なぜ起きたのか——関ヶ原考①

裏切り者か？　小早川

戦国、また中世は戦いの時代です。この最も過酷な時代を生きた武将たちのあいだには、自ずから一定の交戦規則が生まれ、またしばしば規則違反が犯されました。本書は戦いにまつわる様々なドラマを取りあげ、中世武将のぎりぎりの選択を描いていこうと思います。どうぞ宜しくお願い致します。

最近2度ほど関ヶ原を訪ね、松尾山に登りました。車を止めて歩き始め、40分ほどで頂上に到着します。すると、その眺めは、まさに絶品の一語。天下分け目の古戦場が一望できるのです。

実はこの松尾山、ただの山ではありません。相当な手間をかけて築かれた、地域で有数の山城だったのです。

ここに陣を敷いたのは、「裏切り者」小早川秀秋。戦いのさなかに東軍に寝返り、西軍敗北を決定づけた。戦後、岡山の大大名になりますが、21歳の若さで病没。後継ぎ不在のため小早川家は改易。外様大名の改易、第1号です。

でも、秀秋は本当に「裏切り者」だったのか？　彼は秀吉の正室、北政所の兄の子です。4歳の時に羽柴秀吉の養子になって、幼少より北政所に育てられました。11歳で権中納言。関白の豊臣秀次につぐ、豊臣家の継承権保持者と目されていました。ところが、秀頼が誕生したことにより、彼の運命は暗転します。

秀頼にとり、彼はジャマ者。自害を命じられた秀次ほど酷くはありませんが、小早川家（筑前・名島城主）に養子に出されてしまいました。朝鮮出兵では勇猛果敢に戦いますが、わけの分からぬ理由によって今度は領地を大幅に削られ、越前12万石に左遷。秀吉がもう少し長生きしていたら、もっとひどい仕打ちを受けていた可能性も。そんな彼に救いの手を差し伸べたのが徳川家康で、彼の計らいによって、秀秋は筑前の領地を何とか回復できたのです。

そうした秀秋ですから、「太閤さまのご恩」などと言われても、「なにをバカな」という気持ちだったでしょう。実際に彼は石田三成の挙兵当初から、家康に心を寄せていたらしい。不本意ながら伏見城の攻略に加わったあとは、病と称して西軍の軍事行動から離脱。小早川勢はしばらく近江の高宮（彦根市）にいて、関ヶ原合戦の1日前、9月14日に松尾山城に移動するのです。ここには西軍の伊藤盛正（大垣城主）がいましたが、その部隊を追い払っての、無理やりな着陣でした。

城郭研究家として著名な中井均氏は説きます。小早川勢、動く。この報せは大垣城にいた三成を驚愕させた。秀秋が家康と通じている気配は濃厚である。松尾山城の秀秋と、赤坂（大垣市）に本営を置く家康に挟み撃ちにされては、大垣城はたまらない。そこで三成はすぐに城を出て、関ヶ原に陣を移した。家康以下の東軍も、それを追って関ヶ原へと向かう。かくて、翌15日、決戦の火蓋が切られる。

ぼくは、中井説は卓見であると思います。少なくとも、十分検討に値する。もし、これが史実に近いのならば、秀秋は裏切り者などではありません。彼は終始、徳川方です。三成も家康もそう認識していたからこそ、すぐさま行動を起こしたわけです。

ではなぜ、決戦の開始時点から東軍として戦わなかったか、ですか？　うーん、松尾山からの眺望がすばらしく、思わずお昼ごろまで、戦況を見つめてしまったのじゃないでしょうか。

家康の論功行賞

勧学院の雀は蒙求をさえずる、という成句をご存じですか？　勧学院は平安時代、藤原氏が子弟の教育のために建てた学校。その庭に巣を作るスズメは、学生が「蒙求」を読むのを聞き覚え、それをさえずる、ということです。門前の小僧習わぬ経を読む、というのと同じですね。史料編纂所の本郷、古文書を講釈する。いや、そこまで言わなくても良いかもしれませんけれど……。

蒙求は「もうぎゅう」。中国の児童用教科書です。唐中期の成立で、上古からの人物の説話をテンポ良くまとめたもの。日本には平安時代に紹介され、初学者の必読書として、時代を超えて読み継がれました。

その中に「丁公遽戮　雍歯先侯」というものがあります。漢の高祖・劉邦が世を統一した後、さて論功行賞をどうしようか、という話になった。項羽（高祖のライバル）の将軍だった丁公は、ある戦いの中で敵である高祖の命を救った。丁公があの時の褒美をと願い出ると、高祖は処刑を命じ、言った。汝は項羽に対して不忠の者である。この後、わが臣下たちが、汝を見習ってはならぬのだ（雍歯のエピソードは略します）。

学問好きな徳川家康は、この話を読んでいた筈です。それに、同じような話は世にたくさんありますから、家康はこのようなコンセプトを熟知していたに違いない。では、その家康は、関ヶ原の戦いの後、前回取りあげた小早川秀秋をどう扱ったでしょう？ 歴史好きな方ならよくご存じでしょうが、筑前名島30万石から大幅に加増し、美作・岡山55万石の大大名に封じたのです。

新しい世を作るために、褒美とする土地はたくさん準備しておきたい。ですから、みんなが納得するのであれば、なるべく多くの豊臣大名をつぶしてしまいたい。それが家康のホンネだったに違いありません。秀秋が世に言うように、単なる「裏切り者」だったら、格好のエジキになり得ます。丁公のエピソードよろしく、汝は太閤の恩を忘れた不忠者である。汝のような者が栄えては、徳川の世は成り立たぬ。よって切腹を命じる、という具合です。

秀秋の兵が東軍に味方して大谷吉継に襲いかかった時、行動をともにした大名がいました。脇坂安治（淡路・洲本3万石）、朽木元綱（近江・朽木2万石）、小川祐忠（伊予・今治7万石）、赤座直保（越前・今庄2万石）の4人です。大谷吉継は秀秋が東軍につくことは想定していた。備えは万全で、少ない兵で2度まで小早川勢を押し戻したといいます。ところが、そこにこの4家の軍勢が加わった。そのため、大谷隊は壊滅し、それがひいては西軍の潰走につながります。

つまり、4人の功績は相当に大きい。では、家康は、どう酬いたか。調べてみると、驚いたことに、これこそ「丁公パターン」なのです。脇坂だけは前もって内通の意を伝えていたので、所領を安堵（加増はナシ）。でも他は、どさくさ紛れの火事場泥棒として、功績を一切認めませんでした。朽木は9500石に減封。小川と赤座に至っては、取り潰されてしまいました。

これに比べると、小早川家の優遇は、際立っています。家康はケチ、というイメージはあっても、でたとこ任せは、やりそうにない人です。その彼が秀秋の所領を、ほぼ倍に査定している。このことからしても、秀秋は単なる「裏切り者」ではないような気がしてなりません。

小早川家の真の石高は？

しばらく小早川秀秋に言及してきました。実はこの時代に詳しい方ほど、それ違うんじゃないか？　と首を傾げられたかもしれない、と推測される箇所があります。それは関ヶ原決戦時の秀秋の所領。筑前・名島で30万石って、どういうこと？

商人の町・庶民の町である博多は、昔から日本の玄関口として機能してきました。平安時代後期にはチャイナタウンもできていて、宋の文物が盛んに入ってきていた。博多を掘っている考古学者の友人は、お国自慢もあるのでしょうけれど、「博多で出土するものは、他の地域より50年進んでいる」と誇らしげに語っています。

その博多に影響力を行使するため、鎌倉時代末期、豊後の有力武家、大友氏が立花山城を築きます。福岡市東区にもまたがる立花山に築かれたこの城は、眼下に博多を見下ろす重要拠点。戦国時代には、大内・毛利氏（中国勢）と大友氏の激烈な争奪戦の対象となりました。

島津義久が大友宗麟をうち破って九州統一を目ざした時、この城を守っていたのが大友家の重臣、弱冠20歳の立花統虎《むねとら》でした。彼は島津軍の猛攻を耐えぬきます。豊臣秀吉から激賞されて大名に取り立てられ、筑後柳川13万石を与えられました。のち改名して宗茂。中規模の部隊を率いさせれば戦国随一ではないか、といわれた戦上手です。関ヶ原の戦いでは西軍でしたが、近江・大津城攻めの一員として、関ヶ原での決戦に参加していません。このあたりも「関ヶ原での戦闘は、前々から予定されたものではなく、両軍の動きの中で、いわば突発的に引き起こされた」説の根拠になります。

話を元に戻して、九州平定後、秀吉は筑前に小早川隆景（毛利元就の三男）を封じました。隆景は戦いの城である立花山を放棄し、政治の拠点として名島（福岡市東区名島）に新城を築きました。やがて隆景は秀秋を養子に迎えますが、その功績によって豊臣政権下での地位は急上昇。五大老の一人に数えられるまでになります。隆景が隠居すると秀秋が名島城主になり、さらに関ヶ原の戦いの後に秀秋が加増されて岡山に動くと、豊前・中津から黒田長政が筑前52万石の国持ち大名として、移ってきました。東軍諸将中、一番の褒賞、といわれています。

長政は、名島では城下町の整備に不適切、と判断。福崎丘陵に新しい城を築きました。黒田家にゆかりのある備前福岡にちなんで、福崎を福岡と改称。これが商人の町・博多に対する侍の町・福岡の始まりです。ですから今も、市名は福岡。東海道・山陽新幹線の終着駅の名は博多です。

博多の話でついつい脱線してしまいました。名島時代の石高は、豊臣家の直轄領があったため、筑前一国まるまるではないのです。それで30万石。ところが戦前の研究では、これがまだ分かっていなかった。黒田家が52万石なのだから、秀秋もそれと同様だろう。そうすると、100石につき3人の兵を用意していたようなので、小早川勢は1万5000人だろう、というのが旧大日本帝国陸軍の参謀本部編纂にかかる『日本戦史・関原役』の解釈で、その数字が一人歩きしているのです。

秀秋の領地は30万石。すると、兵力も9000人くらい。8000とする史料があるようなので、ぼくはそちらが実数に近いのではないかと思っています。それにしても大軍であることはまちがいありませんけれど。

未熟な軍事史研究

前項でふれましたが、小早川秀秋が関ヶ原の戦いで率いていた兵は1万5000といわれています。彼の所領が30万石余りであることを考えると、ちょっと多すぎる。三鬼清一郎氏によれば、豊臣秀吉が朝鮮に出兵した時に、九州の大名には領地100石当たり5人、中国・四国の大名には4人の軍役をかけたといいます。たとえば加藤清正は肥後北部で20万石くらいですから、用意すべき軍勢は1万人。これはものすごく苛酷な数字で、朝鮮に渡った大名たちが塗炭の苦しみをなめたのは、有名な話です。

何という物語かははっきり覚えていないのですが、司馬遼太郎さんは40万石で1万人（100石当たり2・5人）と書かれていたように記憶しています。これくらいが無理のない数字かな、とぼくも思います。30万石の小早川が1万5000人を動員したとなれば、朝鮮出兵並み。無理に兵を集めれば、不可能ではありません。ですが関ヶ原の近く、たとえば尾張清洲に領地をもつ福島正則ならばともかく、博多を本拠とする小早川では、おそらく補給が続きません。

小早川隊が1万5000だったと明記している史料が、あるわけではないのです。前項に書いたように、戦前の参謀本部がまとめた『日本戦史・関原役』にそう書いてあるだけ。この史料は100石3人を採用していて、宇喜多秀家は58万石で1万7000余、長宗我部盛親は22万石で6600、などとしている。だから、小早川の筑前国の領地を、豊臣家の直轄地を除いた30万石ではなく、戦後の黒田長政の筑前一国52万石と同一視した可能性が高い。そうなると、兵は1万5000になる計算です。でも小早川勢の実数はもっと少なくて、8000くらいだったと考えるべきでしょう。

ここで注目すべきは、戦前の数字が訂正されずに、現代でも一人歩きしている、ということ。なぜこんなことが起きているのでしょうか。それは、戦後の歴史学の動向と、深い関係があるように思います。

太平洋戦争に敗れると、社会は平和を希求するあまり、軍事的な諸要素を強く忌避するようになりました。戦争のむごさを考えると、無理もなかったかもしれません。そして、それに伴い、日本史学においては、軍事に関する研究が止まってしまったのです。

鎌倉幕府の成立から江戸幕府の崩壊まで、日本には将軍が存在して、歴史の推進力として機能していました。この将軍の権力を分析してみると、①主従制的支配権と②統治権的支配権の二つから成立している、というのが学界の定説です。簡単に言えば、①は全国の武士を従える、軍事的なリーダーであること。②は全国を統治する、為政者であること。つまり、軍事と政治。これが将軍の働きです。

政治史に関しては研究は着実に進展しています。ですが、現在に至るまで、軍事に関する研究は十分とはいえない。関ヶ原の戦いや長篠の戦いなど、時代を動かした合戦の実像ですら、兵力も装備も戦闘の様子も、解明されていないことがあまりにも多い。みんなまとめて小説家にお任せ、という感じすらします。

小早川秀秋を裏切り者と断じて良いのか。そうした検討もなされていないし、「小早川勢＝１万５０００」という根本的な数字も、長く放置されたまま。

社会が安全保障に冷静に向き合えるようになった今日だからこそ、未熟な軍事史に、研究者の注目が集まるべきだと思います。

関ヶ原〝一番褒賞〟の武功とは

黒田長政は関ヶ原の戦いの後、筑前一国を与えられた。一番の褒賞、といわれている。20頁に、そう書きました。長政は戦いの当時、豊前・中津12万石（検地後、16万とも18万とも）を領していただけでしたが、戦後は52万石の大大名になった。しかも、城下には博多があります。日本を代表する商業都市こみ、なのですから、もっとも高い評価を受けた武将という言い方が適切でしょう。

では、彼は何を成し遂げたのでしょうか。戦場での活躍？　それもあるかもしれませんが、より重要なのは、毛利家の調略です。長政の父は、豊臣秀吉の参謀として有名な官兵衛孝高（隠居して如水）。黒田父子は毛利家の吉川広家と親しかった。「天下がどうなろうとも、私たちの友情は決して変わらない」（如水から広家への手紙）というほど。そこで父子は広家と連絡を取り、南宮山の毛利軍を戦闘に参加させなかった。

吉川広家は毛利元就の次男、吉川元春の後継者です。月山富田城（かつて山陰一帯を支配した尼子氏の居城でした）の城主で10万石あまり。元春と元就の三男の小早川隆景は名将と呼ぶにふさわしい人物で、甥の輝元を輔佐し、毛利家を守り抜きました。ただし隆景が豊臣秀吉に接近して独立した大名の扱いを受けたのに対し、元春はどうも秀吉が好きではなかったらしく、極力接触を避けていたようです。そのためか、吉川氏はあくまでも毛利家の家臣として扱われました。

広家は重臣筆頭として輝元を支えていましたが、その輝元が西軍に加担し、しかも総帥に祭りあげられるのを止められませんでした。広家は長政への書状で、「ウチの殿が『練れた人でない（要するにバカ）』ことは、みなさんよくご存じの通り」と書いています。輝元の器量は家康に遠く及ばない。毛利家に勝ち目はない。さあ、どうするか。そこで広家は長政を通じて家康と交渉し、戦場で徳川家と干戈を交えることは絶対にしない。だから毛利家を罰しないでほしい、と懇望したのです。

もしも関ヶ原の決戦で、毛利の大軍が働いていたら。南宮山には輝元の代理の秀元率いる毛利勢と長宗我部盛親の土佐勢など、2万5000あまりが布陣していました。彼らが本気で戦っていたら、主戦場の石田三成・宇喜多秀家・小西行長らとの間で理想的な挟撃戦が展開できたはずなのです。でも、結局毛利はまったく動かなかった。南宮山の麓に布陣した広家が、まさに身を挺して止めたのです。家康は背後の南宮山に動きがないのを慎重に確かめ、本陣の兵を西軍との戦いに投入し、完勝しました。長政の策動は、東軍勝利に大きく貢献したのです。

戦後の論功行賞において、長政は広家に伝えます。「毛利家は取り潰しと決まりました。だが喜んで下さい。家康さまは、あなたの功績を認め、2カ国を与えると仰せです」。広家は仰天して返答します。「私だけが栄達しても意味がありません。どうか毛利の家名だけでも残して下さい。今度徳川家に逆らうようなことがあったら、私が責任を持って輝元を討ち取りますから」。広家の必死の嘆願は、ついに家康に届きました。広家が与えられるはずだった周防・長門の大名として、毛利家は辛うじて生き残ったのです。ただし、その石高は、3分の1に減らされてしまいましたが。

何故、家康は秀忠軍を待たなかったか

戦いには必ず、攻める側と、守る側がある。また、相手を攻める側には、戦いを起こすにあたって「こうしたい」という目的がある。たとえば、有名な桶狭間の戦い。攻める側は基本的には、駿河の今川義元です。その目的は……、これはまだ、はっきりしていません。上洛か、織田信長を滅ぼすためか、尾張国境付近の侵食にすぎぬのか。ともかく、それを踏まえて考えないと、戦いの全貌は、見えてきません。

では関ヶ原の戦いはどうか。美濃のあの戦場に限っていうと、攻め手は徳川家康ら東軍です。守り手は石田三成ら西軍。家康の目的は西軍の防御陣を突破し、豊臣政権の本丸である畿内・大坂への道を切りひらくこと、です。三成の目的はその逆で、東軍を東に追い戻すこと。畿内と大坂、それに豊臣秀頼をすでに確保している西軍には、あわてる必要は全くない。東軍が攻撃してきたら、それに対応する。それが基本です。

どうやら、三成は、尾張か三河あたりに防衛ラインを設定したかったらしい。つまり、彼の敬愛する主人であり、戦いの師匠である豊臣秀吉が、かつて家康と戦った「小牧・

長久手の戦い」（1584年）の再現です。でも8月23日、たった一日の籠城で、岐阜城（城主は織田秀信。信長の嫡孫）が東軍によって落とされてしまった。それで、防衛ラインを関ヶ原近くに変更せざるを得なかった。

西軍の防御の構想をもっともよく説明してくれているのは、先にも紹介した中井均氏の説です。三成は大垣城を第1の拠点とした。第2の拠点が、毛利秀元が陣取る南宮山。第3の拠点が松尾山城で、ここには「中国勢＝毛利輝元の本隊」を配置する。本格的な攻城戦を3度やらなければ、東軍は畿内に進めない。

ここまでがっちりと守備を固めれば、両軍の戦況は一進一退を繰り返しながら、膠着するだろう。そこで「小牧・長久手の戦い」のように、和議に持ち込む。秀頼は確保しているし、諸大名の人質も取っている。三成方の優位は動くまい。ところが、そう考えているところに、家康と通じている気配が濃厚な小早川秀秋が、「かなめ」の松尾山城を占拠してしまった。それで一挙に戦局が動いたわけです。

東軍の行動として不思議なのは、どうして家康は秀忠軍を待たなかったのか、という点です。家康は嫡子の秀忠に3万の大軍を与え、東山道を進ませました。いわゆる「三河以来」の精鋭は多くこちらに含まれていて、秀忠軍こそ徳川本隊と言っても過言ではなかった。その秀忠軍はよく知られるように、信濃上田城に籠もった真田昌幸を攻めることに時間を費やし、まだ美濃に到着していなかったのです。

なぜ家康は3万もの大軍の到着を待たずに、攻撃に踏み切ったのか？　しかもそれは、身内だから、もっとも信頼できる部隊であるはずなのに。

やはり小早川隊の松尾山城占拠が大きいように思います。防御の構想がすっかりくるって、慌てている西軍をたたく。南宮山の毛利隊ほか3万は、吉川広家が足止めしてくれるだろう。西軍のまともな戦力は、石田三成・宇喜多秀家・小西行長のみ。これなら東山道軍なしで十分に勝てる。野戦の名手、家康はそう考えたものと推測できます。そして、それはまことに正しかったのです。

有名エピソードの典拠やいかに

黒田如水（通称は官兵衛）といえば、一世の謀将として知られています。羽柴筑前守の時代に彼の補佐を受けていた豊臣秀吉は、如水の才能を誰よりもよく理解していた。けれども、天下統一の後には、彼を中央政権で登用しなかった。それに領地も、豊前・

中津12万石しか与えなかった。なぜ？　と側近が聞くと「権力やら広い領地を持たせてみろ。ヤツは天下を取ってしまうぞ」と言ったといいます。

如水にはこの手のエピソード、それもかなり面白いものがいくつもある。その中で、私が感嘆したのが「草履片方、木履《ぼくり》片方」というお話。臨終の床にある如水が息子の長政を呼び寄せ、「私の遺品だ」と、草履の片方と木履の片方を与えました。いったい何の意味だろう、と長政が考え込んでいると、如水は教え諭します。ここが正念場だという時には、迷っていてはダメだ。片足に草履、片足に木履を履いて飛び出すくらいの行動力が必要なのだ、と。

このお話、ちょっと違うニュアンスの解釈もあります。長政は熟慮の人で、栗山善助ら重臣たちと会議を開き、よくよく話し合うのを常としていたらしい。そこで如水は言います。汝はトップである。トップの責任とは、決断することである。汝は時として、決断が遅い。片足に草履、片足に木履を履いて飛び出すが如き、素早い決断を心掛けよ。決断する勇気を持て、と。

うん、なるほど。決断するという行為自体に権力の本質がある。なかなか深い指摘ですね（ぼくの家内、同業者〔中世史研究者〕の本郷恵子教授が同様の考察をしています。

『将軍権力の発見』講談社、2010年)。

どちらにせよ、いい話です。ところが。あるとき、この話の典拠となる史料を探してみたのですが……ない。江戸時代後期には、ウチの藩祖はこんなにえらかった、式のエピソードが多く作られている。そうしたものでも構わない、と思ったのですが、それすらない。どうやら黒田家領国の筑前の民話に、同じ趣旨のものがあるらしい。民話が典拠、では格好がつきません。使用には要注意だなあ、と思ったものでした。

実はこういうことは、良くあるらしい。関ヶ原の戦い関係での有名な話としては、「大谷吉継の茶」がこれにあたります。あるとき、秀吉の茶会に招かれた諸将が、名物の茶碗に入った茶を一口ずつ飲み、次の者へ回していきました。けれど吉継が口をつけると、あとの者たちは飲むふりをし始めました。彼がいわゆる業病にかかっていたため、感染を怖れたのです。しかし、石田三成だけは、なにごともないように茶を飲んだ。感激した吉継は、三成と刎頸《ふんけい》の交わりを結びました。関ヶ原でも、三成との友情を重んじ、負けると知りながら西軍に味方します。命を懸けた彼の奮戦は敵方すら感動させ、彼の墓は激闘を交えた藤堂高虎によって建てられています。

この茶会のエピソードは、よく人口に膾炙《かいしゃ》しています。歴史を好きな方なら、ご存じではないでしょうか。ところが、ところが。これまた、典拠が分かりません。調べてみたのですが、江戸時代に遡ることが難しい。明治から大正にかけてのジャーナリストであり、政治家であった福本日南の本（『英雄論』１９１１年刊）では、三成ではなく、秀吉との話として載っている。これがぼくが知っているものとしては一番古い。もし何かソースをご存じの方、ぜひご教示下さい。

「天下人」誕生

27頁で、関ヶ原での戦闘における徳川家康の目的は、畿内への進路を切り開くことだ。そのために石田三成らが布いた防衛ラインを突破したのだ、と書きました。では畿内に進出して、何をしたかったのか？　会津の上杉景勝を討伐するため、大坂城を出発するところから始まったこの一連の戦いのゴールとして、家康はいったいどういう行動を設定していたのでしょうか？

それは豊臣政権の本丸である大坂城を手の内に収めること。それから、豊臣秀頼の身柄を確保し、コントロール下に置くことです。前政権の後継者を掌握して、新政権を樹立する。明瞭な手続きがあるわけではなく、セレモニーも催されませんが、豊臣から徳川へ、という暗黙の禅譲が執り行われるのです。この方法論は、おそらくは、他ならぬ豊臣秀吉から受け継いでいる。秀吉は織田信長の嫡孫（本能寺の変時の織田家当主たる信忠の子）の三法師（のちの秀信）の後見人になることで、織田から豊臣へ、という政権移譲を成しとげたのですから。

まず留意すべきは、ここに天皇の姿がないことでしょう。かつて足利尊氏は持明院統（後醍醐天皇の大覚寺統と対峙する皇統）の光厳上皇を奉戴することで、室町政権の正当性を全国に呼びかけました。秀吉も関白職に就任し、天皇の補佐役の地位を占めて、実権力者として振る舞いました。

これに対し、家康はそれをしていません。石田三成以下の西軍を打ち破ったという実績、加えて大名中で並ぶ者のない戦歴と兵力。すなわち「実力」をもって幼い秀頼から政権を奪取するのです。それゆえに、天皇の助力を必要としなかった。京でも大坂でも伏見でもなく、家康が新しい日本の中心として江戸を選定したことは、このことと密接に結びついているものと考えます。

それから、もしも。西軍に有能な「しんがり」がいたら。元亀元（１５７０）年に越前朝倉領に侵攻した織田信長は、信頼しきっていた浅井長政の離反にあい、朝倉軍の追撃を受けながら退却を始めました。このとき木下秀吉・明智光秀・池田勝正らがしんがりとなって朝倉軍を何とか防いだため、織田軍は壊滅（指揮系統が崩潰すること、とぼくは解釈しています）することなく、京都に帰還できました。

これと同様に、たとえば数の多い宇喜多隊あたりが、全滅を覚悟してしんがりを務め、石田隊や小西隊を関ヶ原から離脱させることに成功していたら、どうでしょう？　天下分け目の戦い第二段、大坂城攻防戦があったかもしれないな、とぼくは思います。

なにしろ大坂城には、西軍の総帥（名目上にせよ）である毛利輝元がいたのです。ほかにも西軍には丹後・田辺城を攻撃していた小野木重勝ら1万5000と、近江・大津城を攻撃していた毛利元康ら1万5000がいました。さらに関ヶ原敗退組を加えれば、5万くらいの兵力にはなるはず。これが難攻不落の大坂城に立て籠もれば、相当激しい戦いになったことでしょう。現に大津攻撃軍にいた立花宗茂は、大坂城での一戦を輝元に進言していたのです。

でも実際には、三成ら主戦派はすでになく、毛利輝元は力なく9月22日に城を退去し、9月27日、徳川家康が入城しました。この時を以て家康は、新しい「天下人」になった。

そう考えるのが妥当ではないでしょうか。

家康の豹変

天下人になるためには、豊臣秀頼と大坂城を手中にしなければならない。けれども今、大坂城には、毛利輝元が駐留している。もし輝元が生き残っている西軍諸将と連絡を取って籠城戦を展開するとなると、これはきわめて面倒だ。豊臣大名たちは、秀頼を戦渦に巻き込むことを、認められないだろう。それに、大坂城は、豊太閤が惜しみなく財と時間を投入して築いた名城である。純軍事的に見ても、たやすくは落とせまい。……となると、なんとか交渉により、輝元と毛利勢に退去してもらうほかあるまい。

関ヶ原で完勝した徳川家康は、おそらくそう考えていたはずです。慶長5（1600）年9月15日が関ヶ原での戦い。2日後の17日、東軍は石田三成の居城である近江・佐和山城に攻撃を始めます（翌日に落城）。家康はこの日、黒田長政・福島正則に命じて、毛利輝元に手紙を書かせました。

A「毛利家の吉川広家と福原広俊（毛利家家老）が、関ヶ原の戦いで家康さまに忠節を尽くしました（南宮山の毛利の大軍を足止めし、戦闘に参加させなかったことを指している）。それで、家康さまは輝元どのを、おろそかには思っていません。福原をそちら（大坂城）に派遣します。彼が詳しく話すでしょう」（毛利家文書）

問題は、福原が輝元に何を話したか、です。ですが、これは口頭でのやり取りなので、確たる史料が残っていません。ともかくも、輝元は19日付で、黒田・福島に対し、次のように返答しています。

B「手紙拝見しました。家康さまが懇意にして下さるとの由、かたじけなく思います。ことに『毛利の領地は相違あるべからず』と聞き、安堵しています。二人とも、今後とも宜しく」（毛利家文書）

毛利の領地は相違なし、すなわちすべて保全いたしましょう、などとはAのどこにも書かれていません。ということは、輝元はそれを福原の言葉として聞いていたことになる。証拠はどこにもないのです。けれども輝元は、これで毛利はお咎めなし、万々歳だ、とホッとしたのでしょう。22日、大坂城を兵とともに退去し、居城である安芸・広島に帰っていきました。27日、家康が晴れて大坂城に入城。天下人として振る舞い始めます。その手始めは、論功行賞を定めることでした。

10月２日、家康の態度が豹変します。黒田長政から吉川広家への文書。

Ｃ「輝元の一身のことですが、私と福島が一生懸命取りなしましたが、助けることはできません。石田三成らと共謀していたことを示す文書が次々に出てきたし、四国に（西軍総大将として）出兵しているのも間違いありません。こうなっては、『是非の及ばざる儀どもに候』（その身は死罪、毛利家取りつぶしは免れない）」（吉川文書）

この報せに仰天した広家は、わが身の功績に代えて何とか毛利家を生き残らせて欲しい、と懸命に請願しました。その結果、おそらくは広家に与えられるはずであった周防・長門２カ国の大名として、毛利家は存続することを許されました。その顚末は本章ですでに示したとおりです。

さて、この家康の変わりようを、どう捉えればいいのでしょうか。二枚舌、といってしまうのは簡単ですが、それが妥当なのか、どうか。ぼくの考えは次項で、読んでいただこうと思います。

毛利輝元の命運

慶長5（1600）年9月19日ごろ、徳川家康の陣営から福原広俊が大坂城の毛利輝元のもとに立ち返り、おそらくは口頭で「毛利家の領地、削減なし」との家康の意向を伝えました。輝元は大喜びで22日、大坂城を出て広島に帰りました。ところが10月2日、まったく別の家康の意思が毛利家に伝えられます。「輝元が西軍の総大将として働いたことは疑いようのない事実である。証拠が次々に見つかった。輝元の死罪、毛利家の取りつぶしはまぬがれようがない」。

家康、それにこのやり取りを担当した黒田長政・福島正則は毛利輝元を謀《たばか》ったのでしょうか。はじめから一杯食わせるつもりで、「しめしめ。お人好しの輝元を、まんまとだましてやったぞ」とほくそ笑んだのでしょうか。確かにそういう解釈は十分に成り立ちます。ある研究者などは黒田如水・長政親子はもっとずっと前から、「わたしとあなたの友情は、世の中がどんなに変転しても変わることはない」などと歯の浮くような文句で毛利家の吉川広家をだまし、関ヶ原における毛利軍の足止めを成功させた、と解釈しています。論功行賞で、輝元が奪われた広島城を、福島正則がまんまと入手しているのも、どうも怪しい。

けれども、ちょっと待って下さい。武家の戦いは、もっと苛酷なはずです。勝者はすべてを得る。敗者はすべてを奪われる。名誉も財産も、自分や家族の生命すらも。ましてや、天下分け目の戦いなのです。勝った大将が天下人になるのなら、敗北した大将は首を討たれる。それが武家社会の常識です。家康を征伐せよ、という文書をばらまいておきながら、領地は今までどおり保全してもらえる。そんなことを考えた輝元が大甘、とはいえないでしょうか。

結局、吉川広家のギリギリの折衝があって、毛利家は領地3分の2を失いながらも、存続することができました。輝元の命も助けられました。広家はおそらく、この顚末にそれなりに納得していたのだと思います。その証拠に、黒田家と吉川家はこの後もずっと、仲良く付き合っていくのです。黒田家は福岡52万石の大大名にのし上がり、吉川家は岩国3万石に没落して、なお。黒田如水の「私たちの友情は……」という言葉に、ウソはなかったのです。

いま毛利家の文書は、防府の毛利博物館に所蔵されています。毛利家は江戸時代中期、鎌倉時代初めからのきわめて重要な文書1500通あまりを巻物のかたちに整え、大事に保管してきました。ところが1通だけ、巻物にされず取り分け大事に、金蒔絵の豪華な箱に納められた文書がある。その文書は、私たち史料編纂所が刊行した『毛利家文書』でも収録し忘れた、特別なものです。それこそは慶長5年10月10日、徳川家康が毛利家に対し、「一、毛利輝元の命は助ける。一、毛利家に周防・長門の2カ国を与える」等と記した起請文なのです。

もしも輝元が、また毛利家が「家康め、だましおって！」と激怒していたのなら、この文書をこんなに大事に、扱うはずがない。「よく考えてみたら、本当に助かった！ああ、取り潰されないで、良かったなあ」。関ヶ原の戦い直後はどうだったか分かりませんが、あとになって冷静になった彼らは、心からそう思うようになった。その思いが、起請文を大切にさせたのだと思うのです。

第2章　直江状に、家康は怒ったか——関ヶ原考②

直江兼続という武将

関ヶ原の戦いの前段階として、徳川家康と上杉景勝の外交戦があります。越後から移って間もない会津120万石の領内整備と軍備増強をすすめる上杉景勝の動向を、「謀反の備えあり」と周辺の諸大名が注進。これを受けた豊臣五大老の筆頭である徳川家康は、景勝に上洛を要請します。ところが景勝はこれを拒否。家康が弁明の使者を送るように重ねて命じると、上杉家家老の直江兼続は、家康の要求を敢然とはねのける書簡を送り付けました。世にいう『直江状』です。

「上方の武士が茶器など『人たらし道具』をもつように、私たち田舎の武士は鉄砲や弓矢を揃えるのです。まあ、その国々の風俗だと思って下されば、何ということはありますまい」など、家康をおちょくって痛快きわまりない『直江状』ですが、戦国史の泰斗である桑田忠親以来、ニセモノ説が有力でした。でも、山本博文らの最近の議論によるならば、ホンモノとして差し支えないようです。

真贋論争はさておいて、ぼくは直江兼続という人が好きなんです。子どもの頃に坂口安吾の『直江山城』（兼続は山城守）という文章を読んだせいかもしれません。何という本に収録されていたか忘れてしまったのですが、その中で安吾は「わが新潟が生んだ代表的武人は上杉謙信、直江山城、山本五十六」。「謙信の弟子が山城、山城の弟子が真田幸村。その中でもっともすぐれた人物は、ものごとの本質に打ちこむ直江山城である」と、説いていました。

伊達政宗がまだ珍しかった天正大判を入手し、大名たちに見せびらかしていたところ、兼続は扇に受けてさわらない。眺めているだけ。家来筋にあたるので遠慮しているんだろうと思って「手にとって見ていいよ」と言うと、「謙信公以来、戦の采配を振ってきた手です。こんな卑しいものに触れるわけには参りません」（『常山紀談』）。政宗、きっと、苦虫を嚙みつぶしたような顔をしたでしょうね。

それから、こんな詩もあります。「春雁われに似たるか、われ雁に似るか。洛陽城裏、花に背いて帰る」。春になると寒い国に渡っていく雁は、まるで私のようだ。花の都は桜が咲き誇っているが、さあ、私のいるべき北国に帰ろう。何だか、とてもカッコ良くありませんか？

さて、それで。最後のきわめつきは、ご存じ「愛」の前立をつけた兜……といきたいところですが、これはちょっと要注意です。というのは、この「愛」、人を愛するの愛ではなく、愛宕権現（もしくは愛染明王）の愛なのです。毘沙門天を信仰した謙信が「毘」の旗を掲げたのと同じ。自らの信仰を表明し、合戦での奮闘を誓った兜なのです。何年か前の大河ドラマ『天地人』は、「仁愛」の愛、と苦しい説明をしていました。もちろん、それはドラマですから、全く構わないのですけれども。

でも、兼続の信仰の対象が愛宕権現でつくづく良かったですね。これがもし、飯縄《いづな》権現であったなら。いや、この権現さまは信濃の飯縄山を発祥の地としていて、上杉謙信にも、武田信玄にも信仰されていたのです。謙信などは、飯縄権現像を前立にした兜を作っているほど。ですから、兼続ももちろん、敬愛していたはず。それでもし、その信仰に基づいて兜を作っていたら、前立の字は「愛」ではなく、「飯」！　うーん、その兜でドラマの主人公は微妙、かも……。

「ナンバー2」への秀吉の熱視線

「武士道といふは死ぬことと見つけたり」の語句で有名な『葉隠』に次のような話があって、直江兼続が出てきます（聞書10）。太閤秀吉が言われた。「天下を取るには、大気・勇気・智恵の3つが必要だ」。うんうん、なるほど、なるほど。勇気と智恵は分かりますけれど、大気というのは現代の言葉にはありません。試みに、気概、くらいに訳しておきましょう。

秀吉の人物評を続けます。「上杉家の補佐役である直江兼続、毛利家の補佐役である小早川隆景、それに龍造寺家の補佐役である鍋島直茂。この3人は、それぞれ3つのうちの2つをもっている。直江には気概と勇気があって、智恵がない。小早川には気概と智恵があって、勇気がない。鍋島には勇気・智恵はあるが気概がない。ただし、大名のうちには、2つをもつ者さえ、1人もいないのだ」。

この話を読んだときに、ぼくが「へえ、おもしろいな」と思ったのは、内容の説得力とかよりも、いわゆる「ナンバー2」に向ける秀吉の熱い視線でした。秀吉という人は、たしかに各大名家の大番頭（家宰とか宿老とかいわれた）につよい興味をもち、厚遇しました。直江兼続についても、それがあてはまります。

なぜなのだろう？　兼続を引き寄せることにより、上杉家の情報を得ようとしたのか。あるいは兼続と主君の上杉景勝の関係にひびを入れ、上杉家にダメージを与えようとしたのか。はたまた政治的な駆け引きとは無縁で、「人たらし」の秀吉は有能な人物が心底好きだったのか。ぼくには、よく分かりません。

有名な事例としては、石川数正がまず想起されます。徳川家康の重臣（酒井忠次が第一。それにつぐ）であった数正は秀吉との交渉役を務めていましたが、家康と秀吉が戦った小牧・長久手の戦いの翌年、1585年に徳川家を出奔。秀吉の直臣になりました。河内で8万石を与えられ、家康が関東に移ると、その監視役に任じられるかのように、信濃・松本10万石へ移封されました。

島津家でいうと、伊集院忠棟がこれに該当します。忠棟は早くから、島津家生き残りのため、秀吉政権との講和を主張。大坂と鹿児島の交渉にあたりました。秀吉は忠棟を高く評価し、島津家が降伏した後に、大隅の肝属《きもつき》郡を直々に与えています（のち日向・

都城で8万石）。島津本家は忠棟の行動を危険視し、秀吉の没後に殺害してしまいます。忠棟の子の忠真は都城で反乱を起こし（庄内の乱）、この乱への対応のため、島津氏は関ヶ原に十分な兵を送れなかったのでした。

直江、小早川、鍋島の3人にも、秀吉からの誘いは当然あったと推測されます。このうち、鍋島直茂は主家である龍造寺氏に取って代わり、自身が佐賀35万石余の太守になりおおせました。鍋島・佐賀藩の正式な成立は江戸時代を待たねばなりませんが、龍造寺家とのゴタゴタは、「化け猫騒動」として喧伝されたのです。小早川隆景は甥の毛利輝元を教導し続けましたが、自身も豊臣大名になりました。筑前・名島37万石です。その地位は本書で何度か取りあげた、養子の秀秋へと伝えられていきます。

これに対して、直江兼続は、徹頭徹尾、上杉家の家臣としての立場を貫きました。直茂、隆景を貶めるつもりは毛頭ありませんが、やはり兼続の生き方は爽やかです。ぼくが彼を好きな理由も、そこにあるのかもしれません。

「男業と律儀」

「律儀・正直にばかり覚えて、心が逼塞していては、男業はなるべからず」

前項で言及した肥前国の太守、鍋島直茂のお話。居城である佐賀城の櫓から外を見ていた彼は、ため息をつきながら言いました。ああ、わが肥前の槍先はすっかり弱ってしまったものだ。行き交う人たちはみな面を伏せ、地面を見て歩いている。すっかりおとなしくなってしまった。律儀・正直にばかり気がいって心が小さくなってしまうと、「男の仕事」なんてできっこない。ときには虚言を吐き散らかし、ホラを吹くくらいの気構えが、武士には必要なのだ。

直接のネタ元は『名将言行録』なので、どこまで史実に則っているのか、保証の限りではありません。けれども、『葉隠』武士を育てた、鍋島のお殿様にふさわしいエピソードですね。発車ベルに追い立てられて電車に駆け込んだら女性専用車で、車内の女性たちの冷たい視線に気がついて、すみませんすみません、と平身低頭しながらそそくさと隣の車両に退散する。そんなぼくですから余計、「男業」なんて言葉を聞くとグッときます。ただし、直茂が推奨する武士たちが本当にその辺をうろうろしていたら、さぞや面倒くさい状況が現出するんだろうな、とは思いますけれども。

さて、この話では損な役回りを押しつけられている「律儀」ですが、律儀といえば何といっても徳川家康の代名詞。晩年、なりふり構わず豊臣家をつぶしにかかったので「タヌキおやじ」のイメージが強い家康。ところが織田・豊臣政権下の彼は、「律儀者」で通っていたのです。なぜ、そうした評価が？　おそらくは信長との同盟を守り続けたことが、一番の原因なのだと思います。

永禄5（1562）年、三河で独立したばかりの家康は、尾張一国の大名に過ぎなかった信長と、攻守同盟（清洲同盟）を結びました。その結果、家康は三河の平定を実現し、信長は東方を気にせず美濃の攻略に全力を挙げることになったのです。

こののち、家康は今川領を侵食しながら強大な武田家の攻勢を一手に引き受け、信長の畿内への躍進を支えました。危機に瀕して十分な援軍を送ってもらえなくても（三方ヶ原の戦いなど）、妻子の処罰を命じられても（ただし嫡子の信康の排除については、家康の望みでもあった、とする説が提出されています）、決して信長の意に逆らうことはありませんでした。

ぼくたちは、この「織田＝徳川同盟」のことをよく知っているので、それがいかに稀有のものだったかを、逆に見落としているのではないでしょうか。戦国大名を超える権力、たとえば朝廷・幕府・神仏が満足に機能していなかったこの時代、同盟の遵守を呼びかける強制力はないに等しかった。得にならぬ同盟は、一方の都合でさっさと破棄する。そんな事例は数多くあります。その中で、家康は盟約を大切にし続けた。

その家康の律儀な態度は、大名としての彼の「信用」を形成した。家康ならば、信頼するに足る。安心して交渉に臨めるし、家来として仕えることもできる。そうした「信用」こそが、信長横死後の、広大な領地と家臣の獲得に直結したのでしょう。主の律儀を奉戴する徳川の強固な軍勢は、豊臣秀吉の大軍にも屈せず（小牧・長久手の戦い）、ついには家康を天下人の座に就けるのです。

「江戸」は「穢土」

直江兼続のすぐ下の弟、樋口与七は主人の上杉景勝の命によって小国家に婿養子に入り、小国実頼を名乗りました。小国家は「ヌエ退治」で有名な、源頼政の弟の子孫。昔から越後・小国という土地を支配してきた名家です。ところが、やがて実頼は小国の姓を大国に改めた。小さいより大きい方がいい、という、わりとお手軽な理屈でしょう。そういえば、あの大坂ももとは小坂だったらしい。

名を変えたといえば、景勝の養父、上杉謙信。彼は2度も名を変えた。はじめ長尾景虎。ついで関東管領の上杉憲政の養子となって、上杉政虎。最後に将軍足利義輝から一字を拝領して上杉輝虎。あたかも出世魚のようです。それから伊達家重臣の茂庭《もにわ》綱元。彼の姓はもと「鬼庭《おにわ》」。伊達家の交渉役として豊臣秀吉との折衝にあたっていましたが、鬼は縁起が悪いからと、秀吉の命によって「茂庭」に改めたといいます。ちなみに秀吉、例によってこの綱元をいたく気に入り、直臣にしようとした。自分の愛妾（香の前）も与えた。彼女が生んだ女性（父は綱元とも、伊達政宗ともいう）は、『樅ノ木は残った』の主人公、原田甲斐の母です。

織豊政権期から江戸時代初めにかけて、大名たちは不便な山城を捨て、平地や丘陵地に城と町を作るようになります。その時に、町の名を縁起の良いものに変えたり、命名している事例が多い。

たとえば蒲生氏郷は会津の黒川を若松に変え、後に蒲生氏と領地を取りかえる加藤嘉明は伊予の松山、毛利輝元は安芸の広島の名づけ親になっている。いま、全国にシンプルかつめでたい感じの都市名、いま挙げた若松、松山、広島の如し、が見られるのは、このためです（ちなみに、信長命名の岐阜は少し難しいですね）。

音を大事にして、漢字を整える、ということもありました。伊達政宗は「千代」を「仙台」にした。加藤清正は「隈本」を「熊本」に改めた。「隈」の字の中に「畏」があるのを嫌い、強い「熊」にしたといいます。変わったところでは、大友宗麟。キリスト教の町を作ろうとして、「無鹿」と名づけました。ポルトガル人宣教師から聞いた「ムジカ」、つまりミュージック、音楽の意です。

そこで、家康です。豊臣政権下における家康の城下は……、もちろん江戸ですね。家康が入ってくるまでの江戸城は、扇谷上杉氏（その家宰が江戸城を築いた太田道灌）、続いて後北条氏の武蔵支配の拠点でした。一定の発達は遂げていましたけれども、徳川家の居城にふさわしい規模には、まるで足りなかった。家康は盛んに土木工事を行って町を広げ、現在の巨大都市の原型を整備したのです。

さて、家康の旗印に書かれた文字は？　そう、「厭離穢土《おんりえど》、欣求浄土《ごんぐじょうど》」。現実世界は「穢れた土地」であり、それを厭う。阿弥陀如来の極楽世界は「清らかな土地」であり、そこへの往生を切望する。浄土思想を表す語句です。さて、このとき、穢土は「えど」で、江戸に通じる。右に書いたように音を大事にする風があるとすると、家康は「えど」の二つの意味を十分に意識していたはず。それでも地名を変えず、彼はこの地で日々を送り、政権を構築する。あえて江戸を選択し、穢土に身を置く家康。そこには、何か深い精神性が感じられるように思うのです。

「穢れた地」を生きる家康の精神性

前項で、徳川家康と「えど」について触れました。家康の本拠地は「江戸」。彼の旗印は「厭離《おんり》穢土《えど》」。「江戸」が「穢土」に通じることに家康が気づかぬはずはないから、おそらく江戸を穢土として生きていくことを選んだのだろう。そう書いたら友人に、本当？　町の名前なんて気にしなかっただけじゃないの？　と突っ込まれました（苦笑）。

そんなことはないと思います。家康は元亀元（１５７０）年、居城を三河・岡崎から、遠江・曳馬に移しました。武田家の侵攻に備えるため、といわれています。このとき、曳馬は「馬を曳く」、つまり戦いに敗れるのを意味するから縁起が悪い。それを理由に、周辺にあった地名である「浜松」に改名しています。

「若松」「高松」「松山」「松本」「松江」。松の字を用いる都市名は少なくありません。松は常緑樹で冬でも緑を絶やさない。その感じが大名たちに好まれたのでしょう。家康もその一人であり、ちゃんと町の名に気を配っているのです。

かつて親鸞はあえて僧侶の戒律を破り、妻帯肉食して人々の中に入っていきました。大小の罪を作り出す日常の生を、まるごと阿弥陀仏は救って下さる。そう人々に説いたのです。家康もまた「江戸」＝「穢土」を居処とする。人々が生活を営む、この罪多き土地。その地で懸命に生きることにより、私は浄土の創造を追い求めるのだ。家康の思いはそうしたものだったのではないか。……ちょっとカッコ良く解釈しすぎかな？　でもぼくは、研鑽を怠らなかった家康は、教養と精神性を兼ね備えていたと思います。とくに関東に移って「人間五十年」を過ぎた彼は、幼少からの苦労と相俟って、懐の深い人物に成長していたに違いない。

先に、『直江状』に触れました。会津の上杉景勝に上洛を命じる五大老筆頭の家康。上杉家家宰の直江兼続は、家康を散々コケにしながら、その要求をはねつけます。家康はこれを受けて上杉討伐に出陣。ここから関ヶ原の戦いが始まるわけです。

で、『直江状』。これを読んだ家康は激怒した、と普通はいわれます。腹を立てた、と書いた古文書も残っている（歴代古案）。でもぼくは、彼は瞬間的には怒っても、「ははは。言うのう」と苦笑いしていたように思うのです。少なくとも、信長や秀吉のように、

「怒る→左遷する」とか「機嫌を損じる→切腹を命じる」のような過激な対応はしない。そうした安心感が家康にはあります。

上杉家は関ヶ原戦後、取り潰されませんでした。領地は4分の1に削られました（会津120万石から米沢30万石へ）が、そもそも討伐を受ける対象だったことを考慮すれば、温情あふれる措置と考えられます。直江兼続が家康の懐刀、本多正信の次男を養子に迎え、直江勝吉と名乗らせたのもこの時期です。これも家康が兼続を高く評価すればこそ、の縁組みだったのではないでしょうか。

勝吉は兼続の娘を妻とし、その女性が病死すると前項で紹介した大国実頼（兼続の実弟）の娘、お虎を娶りました。勝吉は直江家の跡取りとして期待されていましたが、やがて同家を去り、本多政重となって加賀の前田家に出仕（家老で5万石）するようになります。それでも本多家と直江家の親密な交流は、変わることなくずっと続いていきました。幕府と上杉家のパイプ役となったのです。

第3章　天下統一とは何か――関ヶ原考③

「日本は一つではない」

　明智光秀はなぜ、本能寺に織田信長を襲ったのか。この日本史上有数の疑問（邪馬台国はどこにあったか、坂本龍馬の真の暗殺犯は誰か、とあわせて三大疑問というそうです）については、ご存じのようにいくつもの考え方が提示されています。野望説（天下人になりたかった）、怨恨説（信長に恨みがあった）、将来悲観説（どうせ先々粛清されるなら、いっそ）。足利義昭黒幕説、朝廷黒幕説。イエズス会黒幕説まであります。ぼくはシンプルな野望説か、最近注目を集めている四国出兵説（土佐の長宗我部家との外交問題がこじれた）がいいのではないか、と思っているのですが、なぜそう思っているのかは、またの機会にゆっくりと。

先日、小和田哲男先生とご一緒する機会がありました。その時にうかがったのはまさに先生のオリジナルで、「非道阻止説」。天皇への無礼をはじめ、信長はあまりにも非道な行為を重ねすぎた。光秀はこれを止めようとして謀反したのだ、と説かれるのです。ぼくはすぐに尋ねました。信長を討ったその後について、光秀はどういうプランを持っていたのでしょう。明智幕府を開く等なら、野望説に近いですよね。あるいは初めから、信長の重臣たちに討たれる覚悟？

すると先生は、穏やかに答えて下さいました、私は野望説は採らない。天下人になる気はなかったと思う。それに、みずからを犠牲にして、なんて悲壮な覚悟を想定する必要もない。信長が出現する以前の「群雄割拠」の状態。光秀はそれをイメージしていたのではないか。自分は畿内に勢力圏を築く。羽柴秀吉は中国地方の覇権を毛利家と争い、柴田勝家は上杉家と戦いながら北陸地方をおさえ、徳川家康は東海地方を治める。そんな感じでどうだろう。

「非道阻止説」が妥当かどうかは、これまた、別の機会に。それよりも、先生のお答えには、重要な発想のヒントが隠されています。つまり、「日本は一つである」というぼくたちの常識は、当時の人々にとって、常識ではなかった！　ということ。「群雄割拠」、つまり「日本は一つではない」のがあたりまえなのです。「天下布武」を掲げ、天下を統一する、すなわち「日本を一つにする」ことを目指した織田信長こそが非常識な人であり、変わり種だった。

それを踏まえて初めて、実相の解明に近づけそうなことがあります。それが関ヶ原戦時の、上杉軍の軍事行動です。

これまで何度かふれてきたように、徳川家康は会津の上杉景勝を討伐するため、慶長5（1600）年6月16日、諸将を率いて大坂城を出発。家康が畿内を留守にする間に、7月17日、石田三成が挙兵。家康は7月24日に下野の小山に到着。ここで三成挙兵の報せを受けとります。

家康は諸大名を招集して、軍議を催しました。すると、大名たちは口々に、家康とともに三成を討つ、と決意を表明。26日にいっせいに陣払いし、福島正則の居城である尾張・清洲を集合場所として急ぎ西に向かいました。家康は嫡子の秀忠に三河以来の徳川本隊を預け、中山道から美濃方面への進軍を命じ、出発させました。

このときなのです！　家康の周囲には、なお多くの兵がいたとはいえ、まさにこのとき。なぜ上杉景勝は、また直江兼続は、総力（3～4万の兵は準備可能）を挙げて、家康を攻撃しなかったのでしょう？

「群雄割拠」が常態

関ヶ原の戦いは石田三成と直江兼続が協同で立案したもの。そうした解釈があります。壮大なプランで、ぼくのような直江ファンにはたまりませんが、冷静に考えれば成り立たない。もしも三成と兼続が連携していたならば、上杉軍は絶対に、徳川家康の背後を衝いたはず、だからです。

上杉軍は優に3万を数えていた。一方、これに対抗するために家康が宇都宮城に残した軍勢は、次男の結城秀康、蒲生秀行、里見義康、那須資景ら。謙信以来の歴戦の勇士を多く抱える上杉軍にとって、さしたる難敵とは思えない。でも、上杉勢は江戸を目指さなかった。9月1日、家康は3万の兵と江戸城を出発し、関ヶ原へと進んでいきます。それを確かめるように、9月8日、兼続率いる大軍は南下でなく北へ。会津の北方、最上領への侵攻を開始したのです。

なぜ、北上したのか？　その史実を知ったとき、ぼくにはさっぱり理解できなかった。三成との戦いに勝てば、家康は天下人になるわけです。天下人になれば、大名の生殺与奪の権を握れる。大名を改易するのも、腹を切らせるのも、思いのまま。その家康相手に、上杉はすでに逆らってしまった。家康は諸大名を率いて、大坂から下野まで、上杉を討伐するために出向いてきていた。

家康が秀吉の後継者に収まってしまえば、上杉家が生き残ることはきわめて困難。それは上杉家みなの共通認識だったに違いない。ならば、どうせ潰されるなら、と積極的な行動に打って出てもおかしくない。喩えるなら、負けたらそこで終わりのサッカー・W杯、残り2分で1点ビハインド。こうなればキーパーも参加しての、全員攻撃しかない。上杉家もしかり。総力を挙げて家康の背後から食らいつき、西軍の勝利に貢献する。それしか方法はなかったのではないか。

なぜ、そうしなかったか。上杉景勝と兼続が愚鈍な主従だったとすれば、それで説明はついてしまう。けれども、これまで確かめてきたように、兼続は当時を代表する傑物でした。その彼が一心に仕えた景勝もまた、一廉《ひとかど》の人物だったに違いない。なにしろ兼続は、小早川や鍋島と異なり、秀吉の直臣になろうとしなかったのですから。

ぼくはここで、対峙する二つのイメージに注目してみたいのです。それは「日本は一つ」か、「群雄割拠」か。

現代の我々には、「日本は一つ」であることが当たり前。でも、当時の人々には、秀吉が成し遂げた天下統一＝「日本は一つ」は稀有な事態であり、むしろ「群雄割拠」の方が普通である。専制君主・秀吉の没後、強力な統一政権は姿を消して「群雄割拠」の状態に復帰する。兼続はそう読んだのではないでしょうか。

天正12（1584）年の小牧・長久手の戦いにおいて、羽柴秀吉は家康と一戦を交えました。ですが秀吉は合戦では家康を倒すことができず、政治的な駆け引きにより徳川家の臣従を実現しました。家康と三成の戦いでも、こうした状況が再現される可能性はあった。戦いが長引いてしまって、家康が簡単には天下人になれない。そうなれば家康は、秀吉が家康にしたように、上杉を優遇する可能性が出てくる。そうした外交交渉を有利に運ぶために、上杉の力はより大きな方が望ましい。それゆえの最上攻め、領地拡大を狙った軍事行動だったと考えるのです。

終焉を迎えた兼続の戦い

慶長5（1600）年9月8日、2万を超える上杉軍は、直江兼続を総大将として、最上領への侵攻を開始。最上義光は7000ほどの兵力を居城である山形城と、その近くの長谷堂城に重点的に配備して迎え撃ちました。

上杉軍は各地で最上家の支城を陥落させていきます。兼続の本隊は12日に畑谷城（山形県東村山郡山辺町）を攻撃。500の城兵は全滅し、城は落ちました。兼続はこのあと菅沢山に陣を張り、長谷堂城（山形市長谷堂）を包囲。同城は山形城の南西8キロ。これを放置して山形城を攻めた場合、須川を渡河する際に山形城勢と長谷堂城の守将・志村光安の軍兵に挟撃される恐れがある。そこで兼続は、まずこの長谷堂城の攻略に全力を傾注したのです。

攻城戦の開始は9月15日。奇しくも関ヶ原の戦いその日です。兼続の本隊は1万8000人。対する長谷堂城の城兵は1000人。圧倒的な兵力差です。ところが、10日経っても、この城が落ちない。ふつう攻城戦に必要な兵数は城方の3倍とか5倍とかいわれますから、用意した兵力は十二分のはずなのです。

では難攻不落の名城だった？　ぼくは城の縄張りが読めないので、城郭研究者の余湖さんに教えてもらいましょう。「城の構造は比較的単純なもので（中略）それほど技巧的なものは感じられない。関が原の当時の合戦の舞台となった城とは思えないほどシンプル」「上杉の大軍を引き受けて持ちこたえられるほどの城とも思えない」（出典は『余湖くんのホームページ』http://homepage3.nifty.com/yogokun/）。

これは……。兼続は政治家としても、教養人としても一流です。それは疑いがない。でも実戦指揮官としての才能には「？」マークが付くのかもしれない。そもそも1000人が籠もる小城1つに、なぜこだわったのか。倍の2000人ほども備えとして残し、肝心の山形城に攻めかかっても良かったのではないか、とも思えます。ただ、この時の兼続の采配にケチをつける後世の史料が残っているわけではありません（兼続を批判するのではなく、志村光安の健闘を讃える、というスタンスが主流です）から、それは結果論かもしれませんが。

29日、関ヶ原の戦いの結果が、ついに兼続のもとにもたらされました。石田以下の完敗。これは「群雄割拠」にはなり得まい。徳川家康による「日本は一つ」に移行する他なし。そう彼は、直ちに看破したのだと思います。

家康が天下人になるならば、最上領を占領しても、かりに伊達領を併呑したところで、結局は天下の大軍を敵に回して上杉家は滅びる。これ以上は何をしてもムダだ。そう観念した兼続は直ちに戦闘を停止し、会津に引き上げました。ここで物語の類いは、撤退戦における彼の指揮の見事さを云々します。でも上杉勢が戦う意味は失われていたのですから、それは「おまけ」にすぎません。そんなものを褒められても、「大局を見誤った」と臍《ほぞ》をかむ兼続は、ちっともうれしくなかったでしょう。

しかしながら家康は、負けを悟った後の兼続の潔い態度を、高く評価したのだと思います。それゆえに上杉家は取りつぶしを免れ、30万石の大名として存続することを許されました。家康を敵に回して討伐を受けたことを考えれば、この結果はまさに上出来です。兼続の戦いは、かくて終わりを告げました。

関ヶ原余聞

この項は番外編です。週刊新潮連載時から読んでくれている友人の読売新聞社デスク(金沢支局)に依頼され、関ヶ原の戦いの時の北陸の動向について、短い文章を書かせていただきました。そこで見つけた小ネタを。

北陸の大名と言えば金沢の前田家ですが、これは東軍についた。その他の小規模な大名たちは、こぞって西軍に属した。その中の一人が、加賀・大聖寺5万石、山口宗永です。彼の父親の甚介は信長・秀吉に仕えていた人物で、山城の宇治田原の周辺を領し、小城を構えていた。実名はいくつか伝わるのですが、『禅定寺文書』の書状4点を見る限り秀康、が正しいようです。

甚介が関与する有名な歴史的事件に、「神君《しんくん》伊賀越え」があります。本能寺の変の後、徳川家康主従は、命がけで畿内からの脱出を試みました。地侍・農民の襲撃を警戒しながら河内から南山城に入り、木津川を渡った彼らは、宇治田原の甚介を頼りました。甚介は一行を保護して、実父の多羅尾光俊のもと（近江甲賀の小川城）に送り届ける。甲賀の軍兵（これが後世、忍者と伝えられる）に守られた家康たちは伊賀を越え白子浜（鈴鹿市）に達し、舟で三河に帰着しました。

甚介の子の宗永は早くから豊臣秀吉に仕え、秀吉の甥の秀秋が小早川家に入るに際し、付家老になりました。でも、うまくいかなかったらしい。秀秋は朝鮮での戦いに失ありとして越前・北ノ庄に左遷されます（第1章でふれました）が、このとき宗永は小早川家を離れて大聖寺の大名に。想像するに、秀秋の行動を批判的に報告したのは、宗永その人だったのではないでしょうか。

さて、宗永はふつう「むねなが」として辞書に出ています。ですが彼には正弘の名も伝わり、子息は修弘と弘定。「弘」の字が共通しています。この点を考慮すると、正弘こそが彼の実名で、宗永は「そうえい」、号かもしれない。

塩崎久代さん（石川県立歴史博物館の学芸員）のご教示によると、京都の誠心院（中京区。甚介により再興）に伝わる宗永の戒名は「松元庵珍山宗永大居士」だそうです。当時「姓＋号」で呼ばれていた人物といえば、武田信玄や上杉謙信。その戒名は「法性院機山信玄」に「不識院殿真光謙信」。号が戒名に入っている。

号とは仏に帰依した証しである法号ですから、これは自然な成り行きでしょう。そこで調べてみると、号が戒名に含まれる例は斎藤道三、大友宗麟、黒田如水、立花（戸《べっ》次《き》）道雪、高橋紹運、氏家卜全、細川幽斎などでも確かめられます。やはり宗永は「そうえい」ではないでしょうか。

山口宗永と修弘父子は、慶長５（１６００）年８月２日、大聖寺城を前田利長の大軍に攻められ、わずか２日で落城、自害しました。兵力の差はどうしようもなかったようです（すると、前項の長谷堂城は何なのだ、ということになってしまいますが）。もちろん、山口家は取りつぶし。生き残った次男の弘定は後に大坂城に入って大坂の陣に臨みます。木村重成の妹を娶って彼の指揮下にあり、若江（東大阪市）での井伊家との戦いで、義兄の重成とともに戦死しました。なお、宗永の子孫の一人が出雲松江藩の上士となり、その流れから明治時代に日銀の理事となった山口宗義、彼の三男でミッドウェーに散った山口多聞提督が出ているそうです。

正綱の「拝領妻」

前項では山口宗永の話をしました。宗永の次男の弘定は大坂夏の陣で義兄の木村重成とともに討ち死にを遂げている、とも（弘定の墓は八尾市幸町にあります。重成の墓のお隣）。それを調べるうちに「あれあれ、そうなのか」がもう一つありました。弘定の娘は、松平正綱の正室になっているんですね。

松平正綱（1576〜1648）は、徳川家康・秀忠の側近くに仕え、幕府の財政を担った人。彼が任命された勘定頭は後の勘定奉行ですが、その権力は老中に匹敵したそうです。現代の財務大臣（ただし有能な）だと思えば良いでしょう。鎌倉近くの玉縄2

万石を知行。世界最長の並木道、日光杉並木の寄進者でもあります。また、彼の甥かつ養子が「知恵伊豆」として名高い松平信綱です。

堅い話はここまでにして。中世史研究者のぼくが正綱の名を記憶していたわけは、別にあります。それはお梶の方（1578〜1642）のエピソードを通じてです。彼女はお勝の方ともいい、徳川家康の側室。後に出家して英勝院。水戸初代、徳川頼房（光圀の父）の養母になった女性です。少女の頃から家康に仕え、聡明さを以て知られていました。家康の寵愛はあつく、関ヶ原の戦いにも随伴しています。

あるとき家康は家臣たちに「一番うまい食べ物とは、何だと思うか」と尋ねました。みながロ々に、これは！　と思えるものを並べていく中で、家康が試みに傍らのお梶の方に尋ねると、彼女は即座に「それは塩です」と答えました。「塩があってこそ、おいしさが成り立つのですから」。では一番まずいものは何か。家康が重ねて聞くと、彼女は「それも塩です。塩を入れすぎれば食べられません」と答えました。一同は深く感嘆した、とモノの本には書いてあります。

皆さん、感心されましたか？　ぼくは噴き出しました。あなた、どこのドヤ顔の一休さんですか？　って。こんなこまっしゃくれた物言いをする美少女、家康公、よくも、もてあまさなかったなあ。やっぱり人間の大きさかなあ、とか思っていたら、実は彼女、一度家臣に下げ渡されている。いわゆる「拝領妻」ですね。それで、その家臣というのが当時の若手№1、松平正綱だったというわけです。

ところが、ところが。「家康が考え直した」説と、「彼女が望んだ」説とあるらしいのですが、お梶の方はほどなく、正綱のもとを去って、家康のところに帰って来ちゃった。ぼくはもちろん「彼女が望んだ」説に与《くみ》しますけれども、どちらにせよ、哀れをとどめたのは正綱です。きっと彼の名は、この後の二人の閨《ねや》の中で、いろいろな形で言及されたに相違ありません。これは辛い。ご愁傷さま……。

お梶の方を失った正綱が「今度こそ!」と妻に迎えたのが、先述した山口弘定の娘、ということになります。残念ながら彼女は正綱の男子を生まなかったらしく、山口の血はこの家には残りませんでしたが。

正綱の子孫は上総・大多喜城(2万石)に移って明治維新を迎え、正綱の生家である大河内の姓を名乗ります。最後の藩主の長男が理化学研究所の第3代所長となった大河内正敏子爵、その孫に当たるのが映画『ゴジラ』でヒロイン役を務めた女優の河内桃子(結婚前の本名は大河内桃子)さんです。ぼくの年齢だと、ホームドラマのお母さん役としてなじみのある方です。

信長の「天下布武」と秀吉の「惣無事令」

日本列島は地政学的な条件から、他国からの侵略をほとんど受けたことがありません。そのため、アイヌと琉球をカッコに入れて、「単一民族が、単一言語を用いて、単一国家を」維持してきた、と考えられがちです。けれども、古代から一貫して、「日本は本当に一つ」だったのでしょうか。

少なくとも戦国時代においては、先述したように、人々は「群雄割拠」が当たり前だと思っていた。すなわち、「日本は一つ」とは思っていなかったのです。では、その前の室町時代はどうだったか。この時代、幕府は京都の室町に置かれていて、足利氏が将軍職を世襲していました。

「足利氏＝室町殿」は3代足利義満の頃から、天皇の権威と権力を取り込んで、「室町王権」を形成した、と最近の学説は説いています。

では、その室町王権は、日本列島を等し並みに統治していたのか。それがどうも、そうではないらしい。というのは、幕府には強固な政治理念があったのです。それは「遠国のことをば、少々のこと、上意の如くならず候といえども、よき程にてこれをさしおかれること」（「満済准后日記」永享4年3月16日）。「遠い国のことは、少々のことであれば、将軍の意にそわなくても、そのままにしておく」というのです。これを書き残した満済准后は、京都・醍醐寺の三宝院満済という高僧。4代義持・6代義教（5代義量は早世）の政治顧問を務めた、いわば「黒衣の宰相」です。

満済が称する遠国とは、鎮西探題が治める九州、それに関東公方が治める関東と東北。これらの国の大名は、京都に滞在する義務を負わない代わりに、幕府の政治に関与できませんでした。反対に、その他の国の大名は、京都に常駐して幕政に参画したのです。また、駿河の今川氏と周防の大内氏は、それぞれ関東と九州の監視を任としていたため、上京の義務を免じられていました。

満済はこれら遠国を「鄙」（田舎）、京都を含むそれ以外の地域を「都」とも書いています。ですから、ぼくは、当時の日本は、

◎日本A＝都：畿内・中国・四国・中部の各地方
◎日本B＝鄙：関東・東北・九州の各地方

二つに明瞭に区別されていた、と整理しています。室町時代もまた、「日本は一つ」ではなかったのです。

こうしてみると、「天下布武」の理念を掲げ、「日本は一つであるべし」と発想した織田信長がどれほどユニークだったか、よく分かります。「天下布武」事業は信長一代では達成できず、天正18（1590）年、豊臣秀吉の小田原攻めによって完了する。これはご存じの通り。ところで、それに先だつこと5年、秀吉が発した「惣無事令《そうぶじれい》」は、室町時代以来の地域差を良く反映しています。

天皇を奉じた秀吉は、統一政権の成立と天下の平和を宣言し、勝手な戦いを止めるように呼びかけました。この命令は、四国平定の後、これから関東以東と九州を制圧しようという時点で出されています。つまり、日本Aを平定したことにより、「日本の統一」の第一段階というか、メインの部分は完成した。天皇を戴く関白・秀吉を頂点として、一定の秩序が形成された。あとは日本B、要するに田舎だけだ。だから、日本Bの大名たちよ、どう逆らっても豊臣政権には敵わないのだから、矛を収め、言うことを聞きなさい、と呼びかけているのです。

蒲生氏郷、家康、「都」から「鄙」に放り出された武将たち

室町時代には、日本を二分する見方があった。

◎日本A＝都：畿内・中国・四国・中部の各地方

◎日本B＝鄙：関東・東北・九州の各地方

に分けることができる、と前項で書きました。そういえば、応仁元（１４６７）年に始まる応仁の乱においても、戦いに参加したのは主に日本Aに領国を有する守護大名たちでした。彼らは二つの陣営（細川勝元の東軍と、山名宗全の西軍）に分かれ、京都の内外で10年にわたって戦い続けました。

戦い続けた、といっても、激しい戦闘の連続ではなく、小競り合いがだらだらと繰りかえされただけ。主将の細川勝元も、山名宗全も途中で病没しますが、誰も、えいっと停戦に持ち込むことができない。室町将軍家のリーダーシップがもはやゼロに等しいことを満天下に知らしめて、戦いはなし崩しに終了しました。大名たちは幕府を支えることをやめ、各々の領国に帰っていきました。

でも、長いあいだ地元を留守にしていたツケは大きかった。彼らは地元の有力武士た

ちの支持を得られず、戦国大名へと成長することができなかったのです。例外は近江の六角氏くらいではないでしょうか。

一方で、日本Bに於いては、守護大名がそのまま戦国大名に進化していく例を見ることができます。甲斐の武田氏や、豊後の大友氏、薩摩の島津氏などですね。この意味で、室町幕府の日本の二分法は、戦国時代にも影響しているのです。

日本Aが「都」、日本Bは「鄙（田舎）」と考えると、ああそうか、と納得できることがあります。豊臣秀吉による天下統一が実現した後に、蒲生氏郷は伊勢松坂12万石から会津に移封された。会津領は42万石、のち検地・加増により92万石という広大なものでした。ところが氏郷は「大領であっても、奥羽のような田舎にいては本望を遂げられぬ。小身であっても、都に近ければこそ天下をうかがえるのだ」とひどく落胆したといいます（『常山紀談』）。

氏郷は本当に天下に望みがあったのでしょうか。にわかには信じられませんから、話の真偽は疑わしい。けれど、日本AとBの差違を人々が認識していたからこそ、この話が生きてくる。そういえば、織田信長が武田勝頼を滅ぼした後、上野一国を与えられた滝川一益にも、同様の話があります。広大な領地を得て喜ぶどころか「茶の湯の冥加は尽き候」と嘆いた、というのです。

秀吉は北条氏を滅ぼすと、関東一円に広がるその領国を徳川家康に与えました。その代わりに、三河を初めとする従来の徳川領は召し上げました。父祖代々の土地から切り離されてしまう、と家臣たちは不満を口にしましたが、家康は「領地が広くなるのなら」とすすんでこの案を受け入れたそうです。やはり「さすが家康」なのでしょうが、興味深いのは秀吉の心のうちです。

なにしろ、家康の新領国は約250万石。一方で秀吉の直轄地がおよそ220万石。なんと家臣である家康の方が、多いのです。東海地方にある家康の本領を取り上げて、「鄙」に放り出してしまいたい。そうすれば領地がいくら広かろうと、中央の政治には関われない。徳川家の勢力を実質、削ぐことができる。秀吉はそう考えたのではないでしょうか。このあたりは、源氏の嫡流である頼朝を伊豆に流して「これで済み」と、その後のケアをしなかった平清盛の感覚と共通するのかもしれません。

「もう一つの関ヶ原」

畿内と中国・四国、それに中部が日本A、関東と東北、九州は日本B。そううるさく言い続けたのは、「もう一つの関ヶ原」に言及したかったからなのです。

本書で何度も取り上げてきたように、徳川家康率いる東軍と、石田三成をリーダーとする西軍は関ヶ原で激突しました。家康も三成も、信長・秀吉が作りあげた「一つの日本」を行動の前提としていて、家康は自分がその日本の新しい主になろうとした。三成の意図は、彼が滅びてしまったのでよく分かりませんが、豊臣秀頼を天下人とし、毛利輝元・宇喜多秀家・上杉景勝には100万石を超えるような領地を与える。当然それは、大坂から遠く離れた地域になるでしょうけれども。その上で、実質的な政権の舵取りは、三成自身が行うつもりだったのでしょう。

けれども、「一つの日本」を前提としないで戦った大名もいました。その実例は上杉景勝（とその家宰、直江兼続）だ、とこれまで説いてきたわけです。全国を挙げての争乱状態になってしまったら、「一つの日本」はご破算。「群雄割拠」（「一つではない日本」）の状態に戻ってしまう。だったら、少しでも領土を広げよう。そこで上杉軍は徳川の本拠である江戸を衝かず、北の最上を攻めた。東北地方は、上杉の動向を軸として、「もう一つの関ヶ原」を戦っていたのです。

実は、さらにもう一つ、同じような地域があった。それが九州でした。こちらの戦乱の主役は、本書に何度か登場した黒田如水（通称は官兵衛、諱は孝高）です。如水は豊前・中津を起点に、豊後を平定し、豊前・小倉、筑後・柳川などの城を落としました。それで肥後の加藤清正、肥前の鍋島直茂とともに4万の大軍を編成し、さあ島津領に攻め込もうというところで、家康からの停戦命令を受けいれたのです。小説などは、「如水は天下に望みがあった」と説いています。いやしかし、冷静に考えると、それは無理でしょう。そうではなくて、如水は「群雄割拠」への復帰を念頭に、領地の拡大を目指していたと考えるのが適当だと思います。如水をはじめ、九州の諸大名も、「もう一つの関ヶ原」を戦っていたのです。

東北に、九州。これに家康の関東を加えれば、日本Bになります。そうすると、「一つの日本」という枠は動かさず、その覇者を決めるために戦った。それが日本Aの大名たち。「群雄割拠」を念頭に、さながら戦国大名の如く、領土拡大を図ったのが日本Bの大名たち。関東は家康が領有していたので「一つの日本」の戦いに組みこまれましたが、家康領がかりに東海地方のままだったとしたら、東国大名たちは関ヶ原には参加せず、自分たちの戦いに終始したのではないか、と推測できます。常陸の佐竹義宣が東軍につくわけでもなく、西軍に与して江戸へ向けて進軍するでもなく、消極的な動きしか見せていないことが傍証になります。

如水が鎮圧した土地は広大でした。でもそれは、おそらくは「徳川家に対する忠節」とは見なされなかった。功績にはカウントされなかった。如水の子の長政は大幅に加増されて豊前・中津から筑前・名島（のち福岡城を建設）に移りますが、あくまでも長政の働きに対する褒賞だと理解すべきでしょう。まあ、如水のことですから、「ああ、仕方ないな」と苦笑いしていたのでしょうけれど。

第4章　官兵衛は軍師だったのか

黒田官兵衛おもしろエピソード

平成26（２０１４）年の大河ドラマは『軍師官兵衛』。主人公はもちろん、黒田如水（通称は官兵衛、諱は孝高、洗礼名はシメオン）。全50回の平均視聴率は関東が15・８パーセント、関西が18・２パーセント。時代劇がふるわない風潮の中でのこの数字は、なかなかのもの、といえるのではないでしょうか。

ぼくは如水が大好きなんです。なぜって……、そうですね、たとえば彼のカブト。合子《ごう す》形兜《なり》というそうですが、どんぶり鉢をひっくり返して頭にかぶっているんです。他の武将たちは、少しでも強く見せよう、目立とうと力み返っている。もう、一生懸命。ツノをはやしたり、闘神や野獣のおっかない顔を載せているのに、如水はどんぶり鉢なんです。この余裕というか、ユーモアというか。これだけで、彼のことを信用したくなる。また、彼についてのエピソードがいい。面白いものがそろっています。ただ、以前に紹介した「草履片方、木履《ぼくり》片方」みたいに、よくよく調べてみたら福岡地方の民話がもとになっていた、なんてことは、いかにもありそう。ですから、ここでは出典は詮索しないで、エピソードを紹介してみます。彼が魅力的な人物だったから、こんなにも面白い話が集まった。そう考えて納得しましょう。

【エピソード1】　天下統一事業には如水が大きく貢献したにもかかわらず、秀吉は如水に豊前・中津12万石しか与えなかった。側近たちがどうして？　と聞くと、秀吉は言った。ヤツに大国なんぞを与えてみろ。あっという間に天下を取ってしまうぞ、と。たしかに石田三成や加藤清正らと比べてみると、如水は秀吉に警戒され、煙たがられていたのでしょう。

【エピソード2】　関ヶ原の戦いには子の長政と家臣の過半を参加させたが、黒田家を代表する侍大将の多く（母里《もり》太兵衛や井上九郎右衛門ら）は、中津城に止まっていた。如水は財産を惜しみなく散じて傭兵を募り、歴戦の侍大将に統轄させて、即席の黒田軍を編成。九州を席捲する勢いを示した。

戦いに先立ち、大広間に財宝を積んで、傭兵に分け与えたときのこと。よく見ているとすでに配分を受けた者が列の最後尾に回り、もう一度金品を受け取っている。気づいた近臣が如水に知らせると、如水は笑って言った。お前たちは日ごろ、私をケチだと嘲っておるだろう。だが、財とはこういう時に思いきって使うものだ。ああやって、欲張って金銀を得ようとする者は、戦場でもそれなりの働きを示すに相違ない。放っておいてよい、よい。

【エピソード3】　関ヶ原の戦いの後、長政が如水に報告した。家康さまは私の功績を多とされ、右の手を取って感謝されました。すると如水は不満そうに言った。そのとき汝の左手は何をしておったか、と。つまり、なぜ左手で小刀を抜き、家康を刺し殺さなかったか、ということですね。そうすれば世の中はまた千々に乱れ、如水が天下を取るチャンスが生まれたものを、というわけです。

【エピソード4】　晩年の如水はものすごく口うるさくなったので、家来たちは大殿を嫌った。長政が諌めると、如水は苦笑しながら言った。バカめ、分からんか。私は程なく死ぬ。家来どもは、ああ口うるさい大殿がいなくなった、やっと長政さまの時代になった。そう大喜びするだろう。さすれば、汝の治世は、きわめてやりやすくなるはずだ。すべては汝のためなのだぞ……。如水、なかなか子ども想いです。

NHKは「一夫一婦」がお好き？

黒田如水が大河ドラマに！　というので喜んでいたときに、おや？　と思ったことがあります。戦国時代に材を取った最近の大河ドラマといえば『江』、それに『天地人』。女性のお江の方はさておいて、如水と『天地人』の直江兼続には、ある共通点がありまず。お分かりでしょうか？　お前が大好きな武将なんだろう、ですって？　まあ、それもその通りですが、答えは奥さんです。二人とも妻一人だけを愛し、一生を通じて側室を置いていないのです。

兼続の妻のお船の方は直江の家付きのお嬢さんで、まず長尾家から信綱を婿に迎えました。ところが彼が不慮の死を遂げたので、樋口与六という人物を次なる婿に迎えた。これが兼続です。兼続とお船の仲はたいへんに良好。後には夫婦そろって、上杉景勝の一粒種である定勝の養育に当たりました。

兼続が没した後もお船は政治向きの諮問に与るなど、上杉藩政に重きをなします。とくに幼いころに生母を亡くした定勝にとって、お船は母親のような存在であり、二人の情愛は細やかであったと伝えます。

如水の妻、かつ長政の母は、名をお照の方、もしくはお光の方。どちらにせよ、よみは「てる」なのでしょう。播磨・加古川にあった志方城の城主、櫛橋豊後守（名は伊定か）の娘です。櫛橋家は同国の守護、赤松家に仕えた由緒正しい武家で、どんぶり鉢をひっくり返したような兜（合子《ごうす》形《なり》兜）は、この舅から如水に贈られたものだそうです。なお、櫛橋家は後に没落しますが、如水が庇護しています。如水は旧主である小寺家も見捨てることなく、ずっと面倒を見ている。いい奴なんです。

さて、話をもとに戻すと、何の根拠もありませんが、NHKは「一夫一婦」が好きなのかなあ、と思ってしまうのです。たしかに、主人公が愛したのはこの人！　となれば、ヒロインは造形しやすい。そうした演出上の利点はあるのでしょう。それから、チャンネルの主導権は奥様が握っている昨今ですから、何人もの女性に愛を囁くような男は共感を呼ばない、ということかもしれません。

かりにこの読みに一定の理があるとするなら、主人公にぴったりの人がいます。一人は筑後・柳川の城主、立花宗茂です。宗茂はある時期までは、奥さんだけ。この奥さんこそは、女性城主として名高い誾千代《ぎんちよ》さん。大友家を支えた重臣、立花（戸次《べっき》）道雪の娘。宗茂は立花家に婿入りしたので、側室なんてもてなかった。二人の中は険悪だったというのが昔からの定説ですが、そうでもなかったらしい、という説も出てきているようです。二人の「愛と憎しみ」、そして「悲しい別れ」とくれば、ドラマにはぴったりだと思います。

もう一人は鹿児島の島津義弘です。義弘というと、関ヶ原の戦いの時の退却戦において、東軍の正面を突破していった猛烈な戦いぶりで知られています。そのために世間では「猛将」のイメージが広まっており、実際に調べてみても、彼のすさまじい戦歴はその名に恥じません。

ところがその勇猛な戦いぶりの反面で、彼が奥さんに書く手紙のやさしいこと。「いままで夢でお前と話していた。早く国元に帰って、お前に会いたいものだ」とか、「この戦いで私が死んだら、お前は子どもたちのために生きてくれ。それが私は何よりうれしい」だとか。情愛の細やかな人だったのですね。

官兵衛は天下をうかがったか？

黒田如水が大好き、なんて書いたら、意地の悪い友人に「『平清盛』で味をしめて、また大河ドラマの時代考証をやりたいんだろう？」なんて茶化されました。これはひどい濡れ衣。戦国時代のドラマだったら、ぼくなんかお呼びじゃないことは分かっていますので、ご心配なく（苦笑）。ただ、まともに如水の生涯に向きあうなら、二つのことに注意しなくてはいけない。それをドラマが始まる前に言っておきたいと思います。あと出しジャンケン、と笑われぬように。（注：本項は週刊新潮連載時の文章を、あえてそのまま使うことにしました。）

それは、一つはA「軍師・如水」をどう捉えるか。もう一つはB「関ヶ原の戦いにおける如水」をどう捉えるか。この二つのポイントに注目することにより、ドラマが「歴史のリアリティ」といかに距離を取っているかが明らかになる。

むろん、これは「良い・悪い」という話ではありません。大河ドラマはフィクションなのだから、歴史のリアリティに背を向けたって、責められる筋合いのものではないのです。いや、へたにリアリティにこだわると、『平清盛』のような低視聴率が待っているかもしれません。

Ｂは本書で既に触れましたので、先に書いておきましょう。如水は関ヶ原戦時、九州を制し、さらには天下制覇を目論んでいた。小説の世界では、これが「お約束」。でも、歴史学的に見ると、とてもムリな話。そうではなくて、火事場泥棒よろしく、とりあえず領地を広げておけ、と。天下がどう転んでも、領地を増やしておいて、損はないだろう。坂口安吾は早くも１９４８年、『二流の人』で如水の真意をそう描いてみせました。この解釈は、案外と正鵠を射ていると思います。

あるいは、ぼくのように「都と鄙」の分類をする（すなわち東北と九州を、畿内などとは別の論理が動く地域と考える）必要はないにせよ、「日本が一つにまとまっている」ことと「群雄割拠」の状態とをハッキリ区別するやり方がある。天下を巻き込んだ争乱は、秀吉政権が達成した「統一された日本」を一度ご破算にして、「群雄割拠」の世を再生する。如水はそう見通して、直江兼続と同じく、自力で領地を拡大する路線を選んだ、と解釈するのです。

どちらにせよ、如水は天下人など意識していなかったはず。さあ、これをドラマの脚本はどう料理してみせるのか。やはり如水を主人公にすると、天下取りの戦略、などと強調したくなるのだろうなあ。そうじゃないと、如水好きは納得しないだろうなあ。（注：ドラマはやはり、そうした展開になりました。）

もう一つはAの軍師です。黒田官兵衛といえば、竹中半兵衛と並ぶ羽柴秀吉の軍師、ということになっている。当然、ドラマにもイケメン半兵衛が出てくるのでしょう。まあ、一番ありがちな演出としては、◎おれは相当なモンだ、と自信満々の官兵衛→◎秀吉の配下に加わってみると、そこには天才軍師、半兵衛が→◎反発して半兵衛を認めない官兵衛→◎でも半兵衛の知謀の冴えは凄まじく、官兵衛は鼻っ柱をへし折られる→◎この人に学ぼう、と謙虚になる官兵衛→けれども、ほどなく半兵衛は陣没してしまう→◎涙とともに立ち上がり、軍師として独り立ちしていく官兵衛

こんな感じでしょうか。これに有名な松寿丸（のちの長政）のエピソードがからんで、涙を誘うにちがいありません。（注：これもだいたい、当たりです。）

でも、ここで問いたい。ホントに軍師なんて、いたのかな？

戦国時代に「軍師」はいなかった!?

黒田官兵衛に竹中半兵衛。彼らは羽柴秀吉の「二人の軍師」だったといわれている。このとき、軍師とは「謀《はかりごと》を帷幄《いあく》（本営）の中に運《めぐ》らし、勝つことを千里の外《ほか》に決する」ような人。要するに、参謀のすごいヤツ、です。参謀はあれこれと献策する。どの策をとるかは将が決定する。そこが将と参謀の違いです。官兵衛はというと、関ヶ原戦時の九州における戦いぶりから分かるように、「自ら戦う人」。本質的には将であって、参謀ではない。ですから、生粋の軍師のイメージとは異なる。

竹中半兵衛は、さらに微妙。稲葉山（のちの岐阜）城を20人に満たない兵で占拠した。オレに城を渡せ、美濃を半分やる、という織田信長の誘いを蹴ってさっさと籠居、という有名なエピソードがあります。でも彼の話はどこまでが史実で、どこからがフィクションか見えにくい。引きこもった半兵衛の家に、若き日の木下藤吉郎がスカウトに行く。そのまま三国志の劉備と孔明。「三顧の礼」の名場面。

半兵衛が本当に秀吉にとっての孔明であったなら、もう少し厚遇されても罰は当たらない。半兵衛は秀吉が天下を取る前に病没しますが、その子の重門は大名にしてもらえなかった。秀吉の初期の家臣たちは、蜂須賀小六（正勝）が阿波一国の太守、仙石権兵衛（秀久）は信州・小諸5万石、戸田勝隆は伊予・大洲7万石、と取り立てられているのに。ちなみに黒田官兵衛は、何回か触れましたが、豊前・中津12万石です。半兵衛の功績はどこへ……。いや、彼はフィクションの中の人物、と考えた方がいい。竹中家は結局、旗本として江戸時代を過ごしています。

そもそも、戦国時代に「軍師」なんていたのか？　ぼくは、残念ながらいないと思います。その理由は、日本には文官と武官の区別がないから。軍師のイメージは、何といっても、漢の高祖に対する張良、それに蜀の劉備に対する諸葛亮（孔明）。大事なことは、中国の軍師が軍人ではなく、文人であること。中国ではすでに三国時代に「シヴィリアン・コントロール」の概念が生まれていて、文人である諸葛亮や、そのライバルの司馬懿（仲達）が遠征軍の総督の地位に就いている。文官と武官がハッキリ分けられ、時として文官の方が武官よりも重んじられたのです。

これに対して日本では、純粋な文官が存在しない。かつて大和朝廷は、唐の律令を取り入れて法の体系を作った。でも、当時すでにあった科挙の制度は輸入しませんでした。科挙は、いってみれば今日の国家公務員試験（ただし、ずっと厳しい）。これにパスすれば、（たてまえとしては）男なら誰でも官僚に登用され得る。皇帝と、官僚（世襲なし）。これがとくに宋より後の、中国の政府です。

良い・悪いの評価は別として、史実として日本では科挙は実施されず、官僚＝文人層が育たなかった。武士政権にも官僚的な働きをした人々はいました。たとえば石田三成や本多正信のように。でも、彼らも基本は武人なのです。それと同じで、参謀的な武士はいたでしょうが、軍師なんてシロモノではなかったと思うのです。

この辺をさて、大河ドラマはどう料理するのかな。やっぱり、ドドンと「軍師・官兵衛」とやっちゃうのかな。その方が受けるでしょうから、ね。（注：ドラマのタイトル自体が『軍師官兵衛』になってしまいました。）

「敵中突破」島津兵1500人の謎

83頁で島津義弘に言及しましたが、彼が率いる島津勢は関ヶ原で西軍に属しながら、敵と戦いませんでした。ただし家康と密約が出来ていた小早川勢や毛利勢とは異なり、義弘が石田三成ら西軍首脳部に、不信感をもったために。それで自陣の持ち場は死守するけれど、積極的に東軍に攻め込まなかった。

さて、そうするうちに戦いは東軍が勝利し、石田・宇喜多・小西らは敗走した。島津勢は取り残された。退却しなければならないわけですが、このとき義弘は敵に背を向けるのを恥とした。東軍を突破し、戦場から離脱する道を選んだ。これが「島津の退き口」、「島津の敵中突破」といわれるものです。

このとき島津勢はわずかに1500人ほど。敵はその10倍以上です。当然、島津勢は次々に討たれていく。副将格の島津豊久も家老の阿多盛淳も戦死しました。それでも島津勢は前進をやめず、ついに退却に成功。生き残ったのは100人ほどと伝えます。義弘は摂津で妻と合流し、海路を薩摩に落ち延びました。

何しろすさまじい戦いぶりだったわけですが、あれ？　と不思議に思います。なんで島津勢が1500？　島津の石高からすると、1万以上でも、ちっともおかしくない。なぜ、こんなに少ないのだろう。もし1万人の島津勢が初めから奮戦していれば、西軍が勝ってたんじゃないのかな？

その疑問に答えてくれるのが、山本博文『島津義弘の賭け』（中公文庫。とても良い本）です。当時の実質的な当主、義久（義弘の兄で法名は龍伯）は基本的に薩摩が第一、の人。薩摩は、薩摩の都合で生きていく。中央と積極的な関わりをもつ必要はない。本書で力説しているところの、「群雄割拠」の論理が、骨身に染みている。秀吉に頭は下げたけれど、今さら本音を変えられなかったのですね。だから義弘が懸命に催促しても、結局は兵を送ってくれなかった。

もう一つ、特殊な事情もありました。伊集院氏の反乱です。島津家の重臣であった伊集院忠棟は、早くから秀吉への臣従を説いていた。もう「群雄割拠」ではやっていけない、と。それで秀吉に気に入られ、島津家が秀吉に降伏すると、都城を領する独立大名として扱われた。これまた既出の小早川隆景、鍋島直茂らと同様です。

島津家はこれが気に入らない。秀吉が生きているうちは渋々我慢していましたが、慶長4（1599）年、伏見の島津邸で忠棟を殺害してしまった。すると、この報を聞いた忠棟の子、忠真は都城で大規模な反乱を起こしました。これが庄内の乱と呼ばれるものです。

島津家は兵を繰り出しますが、伊集院氏の勢力は強く、なかなか乱を鎮圧できない。翌年、家康が調停に入り、ようやく忠真は降伏しました。でも依然として、島津家は伊集院氏を警戒していた。それで関ヶ原に兵を送れなかったのです。結局、慶長7年、忠真を初めとする伊集院氏は、一族皆殺しの憂き目に遭いました。

秀吉と当主の板挟みだった島津義弘

武士としての島津家の成立は、鎌倉時代初めまで遡ることができます。その遥かな歴史を雄弁に物語る『島津家文書』は国宝に指定されていて（武家文書では『上杉家文書』に次いで2件目）、ぼくの勤務する史料編纂所が大事に保管しています。職場の先輩である山本博文さんはこの『島津家文書』を精読し、前項でご紹介した好著『島津義弘の賭け』をまとめたわけです。

この本によると、豊臣秀吉に降伏して「形の上では」隠居した島津義久（龍伯）は、ぼくの説くところの「群雄割拠」派。薩摩には薩摩のやり方がある。中央政権といたずらに関わる必要はない、と考えていた。ところが実際に大坂に上って秀吉に仕えている弟の義弘は、事あるごとに豊臣政権の強大さ・苛酷さを思い知る。だから薩摩中心主義の国元の連中と、話が嚙み合わない。

大坂で厳しい生活を送る義弘が、国元の妻に書いた手紙の一節をご紹介しましょう。これまた山本さんの本、『江戸人のこころ』（角川選書）からの引用です。

「又八郎の謡や手習いなどの嗜み、一生懸命やるように意見しなさい。長満丸も手習いを始めさせると良い。手本を門跡様にお願いして、送ろう。又一郎夫婦の仲が良いということを聞き、本当にうれしい。折々の意見にも、仲良くしろと申してくれ」

義弘の長男は夭折していて、又一郎（名は久保）が次男で跡取り。又八郎が三男、長満丸が五男。妻を愛し、子どもたちを愛する義弘の人柄が偲ばれます。

ただし、久保夫婦の仲を心配するのには、もう一つ、わけがありました。というのは、久保の妻は、島津家の実質的な当主であり続けた義久の娘、亀寿だったのです。さらに重要なことに、義久には男子がおらず、彼女を妻とする久保は、次代の島津家当主に予定されていた。ですから、久保と亀寿の仲が睦まじいことを、義弘は遠く大坂の地から強く願っていたのです。

ところが、ここにアクシデントが。久保が若くして病没したのです。義弘が悲嘆に暮れる間もあらばこそ、久保の代役として白羽の矢が立ったのは、先の手紙に見える又八郎でした。彼は年上の兄嫁、亀寿を正室に迎え、島津家の後継者となりました。鹿児島藩の初代藩主となった忠恒（後に改名して家久）です。

忠恒と亀寿の仲はとても悪かったらしい。子どももできなかった。本来なら側室を置くべきところ、義久が怖いのでできない。慶長16（１６１１）年に義久が死去すると、忠恒は直ちに亀寿と別居します。加えて8人もの側室を迎えました。彼女らとの間には、33人もの子女が生まれています。

亀寿が亡くなったおりに、忠恒が詠んだ歌が『鹿児島県史料　旧記雑録後編五』に記されています。

「あたし世の　雲かくれ行《ゆく》神無月　しくるる袖の　いつはりもかな」

これ、ネットでは「はかない世の中よ、亀寿はこの神無月（10月）に亡くなってしまった。涙で袖が濡れるほどか、といわれるとそこまでではないが」と訳され、この訳が一人歩きしてしまっている。まあ、忠恒はそれほどに亀寿を嫌っていた、というわけで、この方が面白いんでしょう。でも、いくら何でもひどすぎる。歌の末尾は「もがな」と読んで、「〜だったらなあ」と訳すべきではないでしょうか。「この涙に濡れる袖が、まちがいであったたならばなあ」。

「釣り野伏せ」戦法で島津最強伝説

島津軍は強い。というのは、どうやら当時からの定評だったようです。その島津軍が用いた戦法が、「釣り野伏せ」。これは全軍を三隊、A・B・Cに分けます。そのうち二隊、BとCを、あらかじめ左右に伏せて配置します。まず中央のA隊が敵に当たり、負けたふりをして後退します。これが「釣り」。勝ちに乗じた敵が追撃してくると、左右から伏兵B・Cに襲わせる。これが「野伏せ」。敗走を装っていたA隊も反転し、逆襲に転じる。すると三面包囲が完成します。

机上で説明すると、「なあんだ」ですが、戦場での実行となると、とても難しい。Aが逃げる間もなく殲滅される可能性がある。また負けた「ふり」といいますが、農民を主体とした軍勢ですから、いったん逃げ始めれば恐怖にかられる。隊長の命令など、もう耳には入らない。パニックを起こし、制御不能になるかもしれない。「ふり」が本当の敗北に直結するのです。

それを防ぐには、兵の練度を高めるしかありません。島津軍の中核部隊は、それができていたのかもしれませんね。島津家は天正6（1578）年に大友宗麟の大軍を宮崎県の木城町に撃破し（耳川の戦い）、天正12年に龍造寺隆信の軍勢を島原半島で壊滅に追い込んでいます（沖田畷の戦い）。どちらの戦いも、兵数では彼らが数段、劣勢だった。「釣り野伏せ」が有効に機能して勝利した、といわれています。

島津家の武将といえば、第一にはこれまで言及してきた義弘ですが、もう一人、家久を忘れるわけにはいきません。義久・義弘の異母弟。耳川の戦いに参加し、沖田畷では島津軍の主将として活躍。当主の隆信ほか、龍造寺家の重臣を数多く討ち取りました。また、豊臣秀吉の島津征伐の前哨戦として戦われた、天正14（１５８６）年末の戸次川の戦い。現在の大分市戸次付近でのこの戦いで、家久率いる島津軍は秀吉傘下の四国勢を打ち破りました。長宗我部元親の嫡子・信親、讃岐の十河《そごう》存保《まさやす》が戦死。

戦国時代の「いくさ」上手ナンバーワンはだれ？　歴史好きのあいだでしばしば議論されるテーマです。動員兵力でいうと、信長・秀吉・家康になりますが、それではおもしろくない。そこで、かりに兵数を旅団規模に限ってみる。５０００くらい。そうすると必ず名が挙がるのが、この島津家久です。なにしろ、龍造寺、長宗我部、十河と、大名クラスを討ち取っている。こんな武将は他にいない。

一方、戸次川の戦いで家久に名をなさしめてしまったのが、仙石ゴンベエ（秀久）。彼は秀吉の子飼いで、槍働きから叩き上げ、当時は讃岐の聖通寺10万石を領していました。四国勢の軍監として豊後に乗り込んだのですが、府内（大分市）防衛を第一にすべきところを撃って出て（冬の寒空のもと、渡河までやらかした）、ボロ負け。秀吉は激怒し、ゴンベエの所領を没収してしまいました。

でも、ゴンベエはくじけない。自費で秀吉の小田原攻めに参加し、奮戦します。その武勇は、箱根の地名「仙石原」のもとになったという説があるほど。めでたく秀吉に許されたゴンベエは、信濃・小諸５万石の大名として復活するのです。

宮下英樹『センゴク』(講談社) は彼の数奇な生涯を描き続けているコミックです。ぼくもほんの少し、お手伝いしました。どうぞ一度、読んでみて下さい。

第5章　女城主と日本無双の勇将

立花道雪の「雷切」伝説

前章で、島津家久を取り上げました。旅団規模、5000人くらいの兵を率いさせたら、戦国武将の中でも抜群ではないか、と。こうした話題になると、戦国時代ファンはもちろん黙っていられません。それぞれに贔屓《ひいき》の武将がいますから、ぼくはA、わたしはB、と議論が始まります。このときに家久と同様、多くの支持を集める将星の一人が、島津勢と激闘を演じた立花宗茂でありましょう。

戦国大名・大友宗麟の重臣に、大友一門出身の戸次《べっき》鑑連《あきつら》という人がいます。中国地方の覇者・毛利元就との合戦には大友軍の主将として臨み、10年以上を戦い抜いて、筑前と博多を防衛しました。その功績によって北九州地方の軍権を委ねられ、博多を扼する立花山城の城主となり、立花家（戸次と同じく、大友氏の支流）を嗣ぎました。出家後の法名は道雪。世に名高い立花道雪とは他ならぬ彼のことです。ただ、道雪自身は生涯、戸次を名乗っていたようです。

『大友興廃記』などによると、道雪は若い頃に落雷を受けて半身不随になり、以後は輿に乗って戦場を疾駆し、指揮をとったとされます。また、落雷を受けた際に雷の中にいた雷神を斬り伏せ、この時の刀「千鳥」を「雷切」と改名し、傍らに置いていたのだそうです。

この話を読んで、ああ、そういうことか、と合点した方はいらっしゃいませんか。『週刊少年ジャンプ』に連載していた超人気マンガ『ＮＡＲＵＴＯ―ナルト―』（岸本斉史）。主人公の忍者ナルトの先生、はたけカカシの必殺技が「千鳥」、別名を「雷切」というんです。作者の岸本先生、きっと戦国史がお好きなんじゃないかな。

ただし、道雪には「自ら太刀を振るい、敵の武士を斬り倒した」という記録もあります。半身不随説はウソかもしれません。ちなみに黒田官兵衛も歩行が不自由だったとされますが、これは根拠のない、後世の創作のようです。ともあれ、雷のエピソードから、道雪は「鬼道雪」、「雷神」と呼ばれ、恐れられました。

せっかく名門の立花家を嗣いだのに、道雪には男子がありませんでした。それで、これまた勇将として名高い大友軍の同僚、高橋紹運の長子を養子とし、一人娘の誾千代《ぎんちよ》と結婚させて後継者にしました。これが立花統虎、のちに改名して宗茂です。ただしこれに先立つこと6年、道雪は7歳の誾千代に城主の座を譲っており、主家である大友宗麟・義統《よしむね》父子の承認を受けています（立花文書）。誾千代は女性として城主の座にあったわけで、まことに珍しい事例といえましょう。

大友家は天正6（1578）年の日向の耳川での大敗により、急速に家運が衰えていきました。道雪と紹運は懸命に筑前・筑後の守備にあたっていましたが、天正13（1585）年に道雪が73歳で病没すると、島津家の攻勢は一段と激しさを増していきます。

翌年、則ち天正14年7月、島津氏は大友家を滅ぼすべく、5万と号する大軍を以て北上、筑前に侵攻してきました。先陣の大将は、島津義久の従弟、忠長。大友方は岩屋城（太宰府市四王寺山）に高橋紹運、宝満山城（太宰府市北谷）に紹運の次男で14歳の高橋統増（のちの立花直次）、立花山城（糟屋郡新宮町立花）に紹運の長男で19歳の立花宗茂が立て籠もり、これを迎え撃ちました。

「2万VS.700」激戦の果て……

戦国時代後期の九州地方では、伝統的な豊後・大友、薩摩・島津、それに新興の肥前・龍造寺、三家が抜きんでた力を有し、そこに中国地方の毛利が侵攻してくる、というのが基本的な図式でした。ここから抜け出たのが島津氏で、龍造寺氏を圧倒し、大友氏を攻め、九州を統一する勢いを示しました。大友宗麟は島津氏の攻撃に耐えられず、当時近畿・中国・四国などを平定し、天下統一事業を進めていた羽柴秀吉に助けを求めたのです。

宗麟の願いを聞き入れた秀吉は、天正13（1585）年10月、島津氏と大友氏に対し、停戦を命令しました。大友氏はもちろん、すぐさま従います。島津氏は秀吉の意を尊重する姿勢は見せますが、折衝の結果、結局これを拒否。翌年の3月には大友氏への攻撃を再開します。これに対して秀吉は軍事力による九州攻めを決定し、中国の毛利輝元に先導役を命じました。毛利家は軍備を整え、8月16日には当主の輝元が安芸国より、月末には小早川隆景が伊予国より、吉川元春が出雲国より、それぞれ九州に向けて進発したのです。

一方、島津氏は西方から包み込むようなかたちで大友氏の討滅、九州の平定を実現することに決し、6月には当主の義久自ら出陣して、筑前への侵攻を開始しました。肥後・肥前・筑後を席捲し、7月12日には本陣を筑前天拝山（福岡県筑紫野市）に設置。岩屋城への攻撃を開始したのです。前項でご紹介した島津の大軍と高橋紹運の戦いを、中央との関連で見ると、このようになります。

島津軍2万は岩屋城に対して猛攻を仕掛けますが、高橋紹運は700あまりの兵で抵抗し、容易に城は落ちません。紹運の采配により島津軍は何度も撃退され、おびただしい数の兵が傷ついていきました。27日、主将の島津忠長は自ら指揮をして総攻撃をかけ、多数の死者を出しながら、遂に城を落としました。紹運は高櫓に登って切腹し、彼を慕う城兵のほとんどが討死したといいます。

2万vs.700。城が落ちないはずがない。それでも、紹運は戦った。島津軍からの降伏勧告が3回。味方からも、撤退勧告が2回（うち1回は秀吉より先に九州に入っていた黒田如水から）。使者を丁重にもてなしながら、彼は断固として断ったそうです。

なにが紹運をして、かくも激烈な戦いに身を投ぜしめたのか。もちろん、武士の名誉とか誇りはあるでしょう。でも、ぼくは、父親としての愛だと思うのです。岩屋城の背後には宝満山城に紹運の次男で14歳の高橋統増、立花山城に紹運の長男で19歳の立花統虎（のち宗茂）が位置している。援軍（毛利軍）は進発の準備を整えていると伝えられる。ここで私が時間を稼げば、さらには島津軍に一撃を与えられれば、長男の統虎も、次男の統増も生き延びる可能性がでてくる。紹運はそこに賭けたのではないか、と思うのです。

そして、彼の賭けは見事に当たりました。岩屋城を落とした島津勢は8月6日に宝満山城を抜き、いよいよ立花山城を囲みましたが、そこに毛利の先遣隊が進軍していると の報せが入り、8月24日、撤退していくのです。統虎・統増兄弟は生き延びて秀吉に激賞され、立花家は独立した大名に取り立てられました。

誾千代「女城主」誕生の謎

立花宗茂のことを書いているところですが、ちょっと前に戻ります。どうして彼の養父の道雪は、娘に家督を譲ったのだろう。いや、それはそもそも、史実なのかどうか。

気になったのでもう一度文書に当たってみました。そのご報告を。

結論から申しますと、『立花文書』に収められている天正3（1575）年5月28日付の文書で、たしかに道雪は「立花東西・松尾・白岳御城督あわせて御城領など」を「ぎんちよ女」に譲っています。松尾・白岳というのは立花山に連なる峰だそうですから、「立花東西・松尾・白岳」の城とは、ようするに立花山城だと考えられます。立花山城と付随する領地を譲られたのですから、誾千代《ぎんちよ》さんはなるほど、「女城主」に間違いありません。

ではなぜ歴戦の武将である道雪が、わずか7歳の娘を城主にしたのでしょうか？ 小説やゲームの世界の彼女は武勇にすぐれた女将軍ですが、男女を問わず7歳の子どもに城主が務まるはずはないし、合戦の指揮もできないでしょう。それなのに、なぜ？

カギは同じ『立花文書』中にある、2通の文書に求められそうです。これらはともに年欠、5月10日付。内容はほぼ同じ。差出人は道雪の主である大友宗麟・義統《よしむね》父子。「道雪には男の子がいないので、戸次《べっき》鎮連《しげつら》の子のうち優れた者を跡継ぎにせよ。立花山城は重要な城なので、城主となったその子が成人するまでは実父の鎮連が在城せよ」というもの。大友父子は、これを道雪と鎮連にあてて発給しています。

大友家の当主は「義鑑《よしあき》―義鎮（宗麟）―義統」と続く。そのため重臣たちは「鑑」・「鎮」・「統」を与えられ、名乗りとしている。臼杵鑑速・一万田《いちまだ》鑑実、田北鎮周・高橋鎮種（紹運のこと）、吉弘統幸・立花統虎（宗茂の初名）などです。どの字が用いられているかに注目すると世代が分かるのですが、それにしても同じような名がたくさん出てきて、ややこしいこと、この上ありません。

立花道雪は以前にも書きましたが、もともと戸次「鑑」連を名乗っていた。それで、男子がいないので、異母弟である鑑方の子の「鎮」連を養子とし、50歳で剃髪して麟伯軒道雪と号した。この時に戸次氏の家督を、鎮連に譲ったのでしょう。その後59歳にして立花山城と立花の名跡を与えられたけれども、つづいてそれを鎮連の子に譲れと迫られた、ということになります。5月10日付文書は年次を欠いていますが、おそらく天正2年か3年のものと見るべきでしょう。

実の甥であり、養子となった鎮連はどんな人物だったのか。それが気になります。道雪と彼のあいだがしっくりいっていなかったとすると、理解が早い。鎮連の子に立花を嗣がせ、立花山城も実質的には（その子が成人するまで、鎮連が城にいるわけですから）鎮連に渡す。道雪はそれがいやだった。だから名目的に娘を城主にしておいて、しかるべき娘婿を迎えようとした。これなら一応の説明になります。鎮連が後に島津家に内通し、主の義統に誅殺されているのも、何か関連がありそう。

いや、しかし。鎮連の誅殺は濡れ衣との解釈も有力だそうですし、なにより名将・道雪がそんな個人的な感情で動くのかな？　という疑問も捨てきれない。うーん、ここから先は、小説家の想像力にお任せした方が良さそうですね。

秀吉が「日本無双の勇将」と賞した男

島津軍との戦いで健闘した立花宗茂を、秀吉はいたく気に入ったようです。筑後柳川13万石を与えて、大友家から切り離し、秀吉直属の大名に取り立てました。本書で何度か指摘した、「他家の能臣の、ヘッドハンティング」（徳川家の石川数正、丹羽家の長束正家の如し）ですね。表向きは大友宗麟の推挙があったと伝えますが、実際には秀吉による強奪と考えるべきでしょう。

宗茂にしてみれば、「オレの働きが認められた」と誇らしかったに違いありません。でも、家付き娘の奥さん、誾千代にしてみたら、どうだったか？　父（道雪）は立花家を継ぎながら、生涯、実家の戸次（大友分家）を名乗っていた。そこからも分かるように、父の願いは、立花家の隆盛というよりは大友家を守り立てることだったはず。それなのに宗茂殿は……。そんなふうな思いから、夫に批判的な眼差しを向けた可能性はあったと思います。あくまでも可能性なのですけれども。

立花家の戦闘は激烈です。有力な将校が先陣を切って、突撃していく。だから、名家の子弟に、戦死者が多い。立花一族、十時氏、小野氏、安東氏などです。豊臣大名となった宗茂はこの後、肥後の一揆鎮圧や朝鮮出兵に従軍。ここでも熾烈な戦いをくり広げ、戦果を挙げていきます。

とくに彼の名を高めたのは、文禄2（1593）年、「碧蹄館の戦い」。これは朝鮮半島の碧蹄館（韓国の高陽市徳陽区碧蹄洞）での戦いです。李如松率いる明軍（4万余）は平壌を奪還して気勢を上げ、漢城（ソウル）めざして南下してきました。宇喜多秀家、小早川隆景らが率いる日本軍（同じく4万余）はこれを迎撃。宗茂は先陣を務め、家中に多くの犠牲者を出しながら、明軍の前進をがっちり食い止めました。このため、小早川勢ら本軍は、明軍を撃破し、勝利することに成功したのです。宗茂は秀吉から「日本無双の勇将たるべし」との感状を拝領した、といいます（『日本戦史・朝鮮役』補伝　第七十宗茂碧蹄の殊功)。

秀吉没後の関ヶ原の戦いでは、宗茂は秀吉の恩を重しとし、西軍に味方しました。小早川秀包《ひでかね》・宗義智・筑紫広門らの九州勢とともに、東軍の京極高次が守る大津城攻めに加わっています。1週間の戦いの後、9月15日に城は落ちましたが、同日の関ヶ原本戦には当然参加できませんでした。ここで疑問が生じます。石田三成は、なぜ、もっとも精強な立花勢を本戦に投入しなかったのか。

○回答A：三成は現実の合戦を知らず、立花家の価値が理解できなかった。

○回答B：本書で主張したように、関ヶ原での激突は流れの中で起きたものである。そのため、立花勢を活用できなかった。

さすがにAはないと思いますが、夜襲作戦の取り扱いをめぐって島津義弘を腐らせてしまったことを考慮すると、あり得ない話ではないのかもしれません。

ともあれ、立花勢は西軍壊滅を知り、大坂城に帰りました。宗茂は西軍の総大将、毛利輝元に対し、大坂に籠城して抗戦してはどうか、と進言しました。ですが輝元が城を出たため、彼も柳川に引き揚げます。途中、関ヶ原から命からがら脱出してきた島津義弘の一行と合流。ある家臣が「今こそ父君(実父、高橋紹運。島津家との戦いで戦死)

の無念を晴らすとき」と進言すると、「それは武士のするべきことではない」と厳しく戒めたといいます。

「雷切丸」相伝の謎

伝説の刀、雷切丸が実在する!?

どうやら、本当のようです。いま柳川の立花家史料館には、立花家相伝の雷切丸が所蔵されているのです。もとは太刀だったものを磨りあげて、脇差に直してありますが。

本章の冒頭に書いたように、大友家の立花道雪は若いころ、雷を身に受けました。ところが気丈な道雪はそのショックにひるまず、雷の中にいた雷神を斬り伏せました。この後、雷神を斬った刀「千鳥」を「雷切」と改名し、常に傍らに置いたとのこと（『大友興廃記』）。かの脇差こそ、その雷切丸なのだそうです。

うん？　でも、ちょっと待って下さい。雷神って実際には、いるわけないですよね……。そこで、研究者らしく、古文書にも留意してみましょう。104頁で言及した、天正3（1575）年5月28日の道雪の譲り状立花文書です。ここで道雪は7歳の一人娘、誾千代《ぎんちよ》に立花山城を譲っているわけですが、それとあわせて、秘蔵の刀剣4振も彼女に相続させています。「一、刀一腰　作一文字。一、打物一腰　左文字大西作。一、打刀一振　国俊丸貫。一、長刀一枝　長光」以上がそれ。ここに雷切丸は出てきません。しかも最後の長光については、「私が長年愛用してきたものである。この一振は重代と号する」という説明も付いている。

とすると……。おそらく今ある雷切丸は、伝承をもとにして、後に作られたのではないか。『大友興廃記』は1630年代に成立したそうですから、雷切丸もそのころに。でも、だからといって、これは道雪の佩刀じゃないぞ、なんて声を張り上げるのはいかにもヤボ。柳川藩が雷切丸として大切に伝えてきたことは疑いないのですから、現代の私たちも、敬意を以て接するべきだと思います。

ただ、一つ気になることがあります。ネット上で『戦国戸次氏年表』という充実したホームページ（http://www1.bbiq.jp/hukobekki/index.html）を展開していらっしゃる管理人さんによるならば、雷切丸を実見してみると、切っ先から小鎬《こしのぎ》にかけて、それに峰の部分に変色した痕跡が見られる。これはもしかしたら、雷に打たれたあとではないか、というのです。この推測が正しいとすると、どういうことになるのでしょう。柳川藩の誰かが雷切丸を仕立てるに際し、実際に被雷した業物を購入した？ それとも雷に打たれた刀が先に存在して、それに沿って道雪と雷のエピソードが作られた？　よくよく考えてみたいと思います。

さて、関ヶ原の戦いの後の立花宗茂です。彼が畿内から九州に帰ってみると、黒田如水・加藤清正・鍋島直茂らが柳川を攻めようとしていました。とくに、ひとたびは西軍に加担した失敗を挽回しようと、鍋島兵はしゃにむに立花勢に攻め掛かってきました。立花勢はこれと戦いながら、柳川城に籠城する構えを示したため、鍋島兵はそのまま兵数を頼んで、柳川城に攻めかかろうとしました。

宗茂は潔く戦い、城と運命をともにするつもりだったのでしょう。けれども朝鮮で苦労を分かち合った黒田如水、それから蔚山《ウルサン》城の戦いで立花勢に救ってもらった加藤清正が、懸命に説得を試みました。それで宗茂は降伏を決意し、城を明け渡したのです。開城後、徳川家康の裁定によって領地はすべて没収。宗茂は浪人となりました。

誾千代の菩提寺と松田聖子

かたや、誰もが認める戦上手、立花宗茂。かたや、勇将立花道雪の一粒種にして世にもまれな女城主、誾千代《ぎんちよ》姫。すごいカップルですが、残念ながら二人の仲はあまり良くなかった、といわれます。まあ、誾千代さんはいかにもプライドが高くて気が強そうだし、宗茂も負けてなかっただろうから、二人のあいだで、ことあるごとに火花が散ったとしても、不思議ではなかったでしょう。

二人のあいだには子どもが生まれませんでした。でも、もちろんこのことは、二人が疎遠であったことの証拠にはなりません。むしろ、跡継ぎが生まれないにもかかわらず、宗茂がなかなか側室を置かなかったのは、誾千代を愛していたから、ともいえる。

いやいや、以前に紹介した島津忠恒（のち家久に改名）の例もあります。忠恒は鹿児島藩の初代藩主ですが、先代の島津家当主である伯父の義久に遠慮して、彼が生きているうちは、その娘のほかに側室をもたなかったのでした。これに倣えば、道雪時代から仕えている立花家家臣の手前、誾千代を重んじる姿勢を見せたのだ、という解釈だって成立する。つまりは、このあたりの事情からは、二人の仲がどうだったか、と推測できない、ということです。

もう一つの材料として、別居の事実があります。宗茂は秀吉に高く評価されて、大友家から離れ、柳川で豊臣大名になりました。誾千代も当然、柳川城で暮らすはず。ところが彼女は城を出て、宮永村（柳川市上宮永町）で生活したのです。宗茂が関ヶ原の戦いで敗れ、柳川城を没収されて浪人になると、誾千代は肥後国玉名郡腹赤《はらか》村（熊本県玉名郡長洲町）に移り住み、宗茂とまた別れ別れになったのでした。こちらの別居の話は、たしかに二人の不仲を想定する根拠の一つになりますね。

誾千代は加藤清正（肥後の太守）の庇護を受けて生活するうち、慶長7（1602）年、同地で亡くなりました。享年34。一方宗茂は、主だった家来とともに京都・江戸を拠点として、就職活動をしたようです。その甲斐あって、慶長9年に旗本として召し出され、その後ほどなくして陸奥棚倉（福島県東白川郡。白河市の隣り。茨城県・栃木県にも隣接する）に1万石を与えられて大名に復帰。明治維新まで続く棚倉藩を立藩しました。彼は戦国時代の空気を知る、得がたい話し相手として徳川秀忠に厚遇されたようで、こののち加増を受け、領地は3万石まで拡大しています。

宗茂は大坂の陣には棚倉藩主として参加（もちろん徳川方として）、その5年後の元和6（1620）年、ついに筑後・柳川11万石を与えられ、旧領への復帰を果たしました。一度没収された旧領を回復した例は、宗茂の他には見られません。立花家はこの後、明治維新まで、柳川の大名として存続していきます。

旧領にもどった宗茂は、すぐに浄土宗の応誉上人を招き、良清寺（柳川市西魚屋町）を建立。誾千代の菩提を手厚く弔いました。彼女の立派な墓は、今も同寺にあります。

興味深いのは応誉上人の血統で、彼は筑後を代表する武家、蒲池《かまち》氏（栃木の宇都宮氏の支流）の出身なのです。それで良清寺は、柳川藩に家老格として仕えた蒲池氏の菩提寺でもあった。この良清寺・蒲池家の子孫の一人が、現代を代表する歌姫、松田聖子さんになるのだそうです。

領地回復の丹羽長重

前項で、立花宗茂を「関ヶ原の敗戦で一度没収された旧領を回復した、唯一の事例」と紹介しました。旧領の回復こそ果たせませんでしたが、「没収されたのと同じくらいの領地を回復した大名」なら、もう一人います。それが丹羽長重です。

長重の父の丹羽長秀は、織田信長の重臣で、安土築城の普請奉行でもありました。丹羽の「羽」と柴田勝家の「柴」を組み合わせて、秀吉が「羽柴」を名乗ったというのは有名な話です（ただし確証はありませんが）。本能寺の変の後、長秀は一貫して秀吉を支持します。その功績により、若狭と越前の大部分、それに加賀の一部を領する大大名になりました。

ところが長秀が没して長重が15歳で跡をつぐと、秀吉は様々な口実を設け、所領と家臣（その代表が後の五奉行の一人、長束正家）を奪っていきます。丹羽家はまず越前と加賀を召し上げられて若狭一国15万石の大名となり、さらに天正15（1587）年の九州征伐の際には家臣の狼藉を理由に、若狭国も没収。わずかに加賀松任4万石の小大名に成り下がりました。

大幅かつ無慈悲な減封。専制君主・秀吉はこれをやるんです。以前に紹介した小早川秀秋もそうでしたし、蒲生家でもやっています。文禄4（1595）年、会津を治める蒲生氏郷が急死し、子どもの秀行が13歳で跡をつぎました。すると秀吉は会津領を収公し、改めて近江に2万石（これだけ！）を与えようとしました。この時は関白・豊臣秀次の援助で一転して会津92万石の相続を許されましたが、結局その3年後、秀行は宇都宮12万石に移封されてしまいました。

長重も小田原征伐に従軍した功により、4万石から加賀小松12万石に加増され、このときに従三位・参議と、官位だけは高いものを得ています。豊臣譜代の諸大名（福島正則や石田三成ら）が四位止まりであったのに比べると、破格です。秀吉にしてみれば、官職なぞタダ、懐は痛まぬわい、というところ。長重は周囲から、小松宰相と称されるようになりました。

秀吉からこれだけひどい目に遭いながら、長重は関ヶ原の戦いでは西軍に味方します。隣接する大大名、前田利長が東軍に付くと、これと矛を交え、散々に苦しめました。前田の大軍2万余は結局関ヶ原に進出できなかったのですから、長重の貢献度はきわめて高いといえます。ですが戦いは東軍勝利に終わり、丹羽家の功績は無効になりました。それどころか、改易の憂き目にあうのです。

けれども、家を相続した当初から激しい浮沈を経験していた長重は、こんなことではめげません。くさらずに就職活動を続け、3年後には常陸古渡1万石を与えられて大名に復帰。大坂の陣では武功を挙げて元和5（1619）年に常陸江戸崎2万石。その3

年後には、立花宗茂が封ぜられていた陸奥棚倉で5万石の領地を得ます。そして寛永4（1627）年、10万石で陸奥の要地白河に移封されて初代藩主となり、白河城の大改修を行いました。関ヶ原以前に近いところまで、石高を戻したのです。

晩年は立花宗茂と同様に、第2代将軍・徳川秀忠や第3代将軍・徳川家光の御伽衆を務めました。外様大名ではありますが、秀忠の長重への信頼は厚かったようです。では長重はどのようにして、「彼の関ヶ原の戦い」を戦い抜いたのでしょうか。次章では、話の舞台を北陸へと移してみましょう。

第6章　前田はなぜ100万石なのか

大谷吉継に呼応した大名たち

慶長5（1600）年6月16日、徳川家康は福島正則や黒田長政ら諸将を率いて大坂城を出発し、会津の上杉景勝の討伐に向かいました。越前敦賀5万石を領する大谷吉継は日ごろから家康と懇意にしており、討伐軍に参加すべく敦賀を出発。代官を務めていた豊臣家の土地からも兵を徴集し、3000の兵を用意したといいます。途中、彼は謹慎中の石田三成を、近江佐和山城に訪ねました。険悪だった三成と家康の仲を取りもとうと、三成の嫡子、重家（関ヶ原の戦いの後、仏門に入り助命される）を自らの軍中に従軍させるつもりでした。

ところがここで、三成は吉継に対し、家康を討つための挙兵計画を明かします。驚愕した吉継は「勝算なし」とくりかえし強く諫めますが、三成の決意は翻りません。やむなく吉継は、三成と行動を共にする道を選択します。そして三成に「あなたが味方を募っても、普段の横柄な態度から、みなが家康につくだろう。毛利輝元か宇喜多秀家を上に立てるべきだ」と厳しく忠告しています。7月12日、佐和山城で三成と吉継、それに増田長盛、安国寺恵瓊《えけい》らが会議をもって毛利輝元を総帥に戴くことに決し、ここに所謂「西軍」の骨格が定まったのです。

吉継はなぜ、家康と良い関係を築いていたのに、それに負けると予測しながら、三成に味方したのでしょう。どうやら吉継と三成は、親友であったらしい。彼の活動の軌跡を見ていくと、確かに三成と組んで、主に兵站（補給）において活躍しています。秀吉に評価された青年大谷紀之介と石田佐吉は、日々の務めに励みながら、友情を育んでいったのでしょう。ただし有名な「吉継と三成のお茶」の話は、第1章でも触れたように、後世の歴史小説家（まだ、誰かは突き止めていません。よく似た話を大正時代の福本日南『英雄論』に見ることができます）の創作ですけれど。

三成は兵を率いて大坂方面に進み、7月17日に挙兵します。吉継はいったん国元の敦賀に帰り、北陸の大名たちに西軍への参加を呼びかけました。すると、勧誘工作は大成功。前章で取り上げた丹羽長重（加賀小松12万石）、山口宗永《そうえい》（加賀大聖寺5万石）、青木一矩《かずのり》（越前北ノ庄8万石）をはじめ、越前と加賀南部の中・小の大名たちがこぞって西軍に与同しました。

強大すぎる彼らの敵は、五大老の一人、金沢の前田利長。前年閏3月に、「家康にかろうじて対抗できるただ一人の男」であった前田利家が没し、嫡子の利長が跡を継ぎました。すると家康は利長の謀反を言い立て、加賀征伐を企てます。前田家の家老・横山長知《ながちか》は懸命に利長の無実を弁明。利長の生母芳春院（利家の糟糠の妻、まつ）を人質に差し出し、珠姫（徳川秀忠二女）を前田家に嫁がせる約束を取り付けました。ここで前田家は完全に徳川の軍門に降り、親徳川路線をとることになったのです。もちろん関ヶ原の戦いに際しても、前田家は「東軍」に味方しました。

不思議なのは、前田の他の大名たちが、足並みを揃えて西軍に付いたことです。吉継の働きかけは上手だったのでしょうが、それだけとも思えない。もしかすると亡き秀吉は、彼らに対し、「前田家を警戒せよ」と密かに指示していたのではないでしょうか。秀吉と利家は親友ということになっていますが、ウラでは十分に備えをしていた、なんことはいかにもありそうな話です。

大谷吉継の調略

関ヶ原戦役時の前田家の領地は、前田利長が加賀の5分の3くらいと越中一国。利長の同母弟、利政が能登一国。太閤検地の数字をあてはめると、加賀領が20万石超、越中領が40万石弱、能登領が20万石超。あわせて80万石くらい、ということになりましょうか。江戸時代のような「加賀100万石」には届かぬものの、大大名であったことはまちがいありません。

周辺の中小大名がこぞって西軍についた中で、前田利長は2万あまりの大軍を率いて軍事活動を開始します。7月26日（この2日前、家康は三成の挙兵を下野小山で知る）、金沢から南西に進み、まず丹羽長重の小松城（小松市丸の内町）を攻めようとしました。ところが、なかなか付けいる隙が見出せません。それもそのはず、元来が要害の地として有名であった城郭に、後に築城の名手と評された長重が様々な工夫を加えたのですから。それで前田軍は城攻めをあきらめて抑えの兵だけを残し、さらに南西に行軍。山口宗永《そうえい》の大聖寺城（加賀市大聖寺錦町）を包囲しました。

山口宗永は以前にも言及したように、豊臣秀吉に仕えていて、秀吉の甥の秀秋が小早川家を継いだ際、付家老となった人。ところが、小早川譜代の臣となじめなかったか、秀秋自身との折り合いが悪かったのか、彼はやがて小早川家を離れ、独立した大名に取り立てられました。利長は降伏を勧告しますが、宗永はこれを拒絶。そこで8月2日、前田軍は総攻撃を始めます。守備側の兵は僅かでしたので、城は翌日には落ち、山口宗永・修弘親子は自害しました。

大聖寺城を抜いたあと、前田軍は越前に入りました。ところが細呂木（あわら市）で進軍を止め（『大津籠城合戦記』）、金沢に戻ってしまいます。この不可解な軍事行動こそは、大谷吉継の調略の成果、といわれています。吉継としてみると、まともに前田軍と戦っても勝ち目はない。けれども、この大軍が東軍として畿内に侵入してくるのは、何としても阻止せねばならない。ともかく足を止めれば、西軍の多大な利益になる。そこで謀略の出番、です。

たとえば『可観小説』には次のような話が載っています。吉継は前もって中川光重を拘束していた。この光重は利長の同母妹の婿で、武将かつ茶人。前田家から2万石あまりを給され、豊臣秀頼の御伽衆でもありました。能書家として知られる光重に、吉継は８月３日付のウソの手紙（利長あて）を書かせます。現代語訳してみましょう。

このたび北陸諸国は大谷吉継に与えられました。吉継は４万を超す兵力で北陸制覇に乗り出しています。１万７０００人は北ノ庄（福井市）から陸路を進み、３万人は船で加賀に乗り付け、金沢攻略を目指しています。ご油断なきよう。

この手紙を読んだ利長は驚愕します。光重の筆跡に相違ない。にわかには信じがたい話だが、金沢が攻撃されては一大事である。そう考えて、金沢への緊急の帰還を決定した、というのです。

『可観小説』は１００年ほど後の読み物ですから、厳密な史料としては採用できません。けれども、ありそうな話です。吉継の周囲から同じようなデマが発信され、前田軍は撤退を始めたのではないでしょうか。なお、中川家は前田家の重臣（５０００石）として、江戸時代を生き抜いていきます。

「北陸の関ヶ原」

慶長5（1600）年8月8日、前田利長が率いる軍勢は、加賀と越前の国境近くで進軍を止め、金沢へ帰還を始めた。そう前項に書きました。ただ、前田の大軍が急ぎ金沢に戻るには、1つ難問がありました。帰路の途中に、まだ落としていない丹羽長重（西軍）の小松城があったのです。

金沢へ、と退却する背後から丹羽軍が追撃してきたとき、兵卒が恐慌を来し、思わぬ損害が出るのではないか。利長はできるだけ秘密裏に撤退を行なおうとしたようですが、そこは2万を超える大軍勢です。4人が並んで行軍するとして、前の人との間に1メートルの間隔を取って歩く。そうすると先頭から最後尾まで、5キロを超える。これでは、隠し通すことは不可能です。長重はすぐに前田軍の撤退行動を知り、小松城から打って出ました。

小松城の南方に浅井畷という場所があります（小松市大領町）。畷とは「田の間の道。あぜ道。まっすぐに長い道」と辞書にあります。一面の泥沼や深田。その中を幾筋かの縄手道が通っている場所、と考えれば良いでしょう。要するに、とても動きにくい、歩きにくい場所です。長重はこの浅井畷で前田軍を待ち構えていました。

8月9日、前田軍が浅井畷を通ったとき、待ち伏せしていた丹羽軍は、殿《しんがり》を務める長連龍《つらたつ》の部隊に襲いかかりました。長家はもと、能登・穴水城主。主家の畠山氏と上杉謙信の抗争の中で、一族のほとんどが殺害され、連龍だけが生き残りました。連龍は織田家に接近して前田利家の家臣となり、数度の戦いにおいて功績を挙げました。それで重臣の待遇を受け、3万石あまりを領していたのです（沖縄戦の長勇参謀長はこの長家の子孫といいますが、確認できていません）。

当日は夜半から雨が降り続き、鉄砲が使えない。両軍による白兵戦が展開されました。前田方にしてみれば、左右から襲われ、しかも道幅が狭いために前方の部隊がなかなか救援に来られない。このため大損害を出したものの、戦上手の連龍は何とか部隊をまとめあげて丹羽軍に応戦、全軍の行軍に支障を来すことがないよう、必死に戦いました。いま浅井畷古戦場に行くと、この戦闘で倒れた、連龍配下の九人の侍の墓が立っています（長家九士の墓）。殿部隊の犠牲的な奮闘のもと、前田全軍は丹羽軍の追撃を振りきり、何とか金沢に撤退することができました。

この戦いを、世に「北陸の関ヶ原」合戦と呼びます。前田利長はこのあと慎重に金沢の守りを固め、軍を動かしませんでした。8月末、家康から利長に対し、出陣の命令が下ります。利長はあわてて行動を起こし、美濃関ヶ原に向かいますが、結局間に合いませんでした。さらにこの時、大聖寺城攻めには参加していた利長の弟の利政は、居城である能登の七尾城に籠ったまま動かず、東軍には加わりませんでした。西軍に味方した、という説があります。また、東軍・西軍どちらの勝利に転んでも、前田の家名を残そうとしたのだ、という説もあります。

9月15日の関ヶ原の戦いにおいて、大谷吉継は小早川秀秋軍の攻撃を受けて戦死しました。その顚末は有名ですが、彼は関ヶ原の戦いの前に、前田家を金沢に封じ込めるという大仕事をやり遂げていた。それを知る人はあまりありません。敦賀5万石の小大名ながら、彼の功績は抜群だったのです。

前田利家の人望が生んだ「加賀100万石」

加賀・大聖寺の山口宗永《そうえい》は、前田勢と戦って敗北、嫡男の修弘もろとも自害しました。加賀・小松の丹羽長重は浅井畷の戦いで前田軍に痛撃を加えましたが、そののち降伏しました。

大谷吉継の情報操作に踊らされていったん金沢に戻った前田利長は、徳川家康の要請を受け再び出陣しましたが、ついに関ヶ原の戦いに間に合いませんでした。このとき、能登一国を領有していた前田利政（利長の同母弟）は、兄の利長と袂を分かち、家康の求めに応じていません。

関ヶ原の戦いが終わって、山口家は取り潰されました。丹羽長重も改易されました。苦難の末に彼が大名に返り咲いたのは、第5章で述べたとおりです。それから、前田家。前田利政は能登国を没収されました。ところがそれはそのまま、兄の利長に与えられました。加えて、山口家の大聖寺領、丹羽家の小松領が加増されました。加賀・越中・能登三カ国を支配する、「加賀100万石」の誕生です。

越前・北ノ庄8万石を領していた青木一矩《かずのり》（1541〜1600）も、西軍についたために所領を没収されました。この一矩という人、早くから羽柴秀吉に仕えていましたが、秀吉の養父竹阿弥（実父という説もある）の縁者だったらしい。そんな関係もあってか、彼の孫娘（嫡男、俊矩の娘）の宮内卿局は、豊臣秀頼の乳母を務めています。また彼女の実子が、花も実もある青年武将として、一昔前はたいへんに有名であった木村重成です。

大聖寺城の攻防で父と兄を失った山口弘定は、豊臣秀頼に仕えて、木村重成の妹を妻に迎えました。大坂の陣では豊臣方として戦い、若江の戦いにおいて、義兄の重成とともに戦死を遂げています。青木一矩は関ヶ原の戦いの後、ほどなくして病死。彼の子の俊矩と孫の久矩は前田家の食客となりました。やがて俊矩は金沢で没する。久矩は大坂の陣で豊臣方につき、戦死しています。

それからただの「豆知識」になりますが、俊矩の年の離れた妹が、徳川家康の側室のお梅の方（１５８６〜１６４７）です。彼女はやがて家康の寵臣であった本多正純に譲り渡され、その正室となりました。有名な「宇都宮釣天井事件」で正純が失脚した後、伊勢山田に移り住み、生涯を終えています。正純とのあいだに、男子はありません。

それにしても、なぜ家康は前田家に手厚かったのでしょう。前田家の北陸での戦いは、その実力からすれば、十分なものではありませんでした。トータルして見ると、大谷吉継にしてやられた感が否めません。能登を没収されたままでも、おそらく文句は言えない。それを返してもらえば損得ゼロ、上出来でしょう。ところが家康は領地を加えて（小松と大聖寺、18万石くらい）くれた。

ありきたりではありますが、おそらく「前田家の声望」を持ちだすと、納得できるのではないでしょうか。関ヶ原の戦いの1年前、専横を極める家康を前田利家が厳しく糾弾し、伏見（徳川側）と大坂（前田側）が武力衝突する寸前まで行ったことがありました。このとき加藤清正、細川忠興、加藤嘉明、浅野幸長らは家康でなく、利家の元に馳せ参じていたのです。

関ヶ原では東軍に属した彼ら「武断派の諸将」を安心させるためには、利家の前田家を粗略にできない。亡き利家の人望が、江戸を通じて栄える「加賀１００万石」を生みだしたのです。

第7章　信長・秀吉・家康の夫人くらべ

「創業」と「守成」

新規に事業を立ち上げる「創業」と、その事業を維持していく「守成《しゅせい》」と。創業と守成は、果たしてどちらが困難だろうか。このテーマはとくにビジネス・シーンにおいて、くりかえし議論されてきました。

ヤボは承知で、聞いてみましょう。もとネタはなんでしょうか？　即座に答えられる方はそう多くないかもしれませんね。答えは『貞観政要《じょうがんせいよう》』。中国史上で屈指の名君とされる唐の太宗、李世民（５９８〜６４９）と重臣たちの言行録です。７００年ごろに編纂され、日本には平安時代にもたらされました。帝王学の教科書として広く用いられ、徳川家康も読んでいます。

巻の1で太宗が左右に尋ねます。「帝王のふるまいとして、創業と守成と、どちらが困難だろうか」。房玄齢（太宗の第一の謀臣、政治家）が進み出て答えます。「帝王が天下を従わせようとすれば、各地の群雄を攻め破り、苦しい戦いに勝ち抜かなければなりません。創業が難しいのは明らかです」。

魏徴（太宗を厳しく諫めたことで知られる臣。「人生、意気に感ず（『述懐』）」と詠んだ）が反論します。「帝王の位は天が授けるものですから、（然るべき人が）それを得るのは難事ではない。けれど、ひとたび位に就いた後、王は往々にしておごり高ぶる。民衆は苦しみ、国は衰えていきます。守成が難しいと思います」。

太宗がまとめました。「房玄齢は、私とともに天下の平定に従事し、艱難辛苦を嘗めてきた。それで創業の方が難しいと考えた。魏徴は、これから私が勝手気ままに行動するなら、王朝は必ず滅亡に向かうと憂慮している。そのため守成の方が難しいと説いた。いま、創業の難は過ぎ去った。これから私は、まさに守成の難を、君たち有能な臣下とともに克服してゆきたい」。

なんて立派な王さまでしょう。この人が皇太子であった兄、李建成と同母弟の李元吉を殺害し（玄武門の変）、その一族に死を賜り、父の高祖（唐王朝の創始者、李淵）から皇位をもぎ取ったとは、にわかには信じられません。まあ、中国の歴史は日本に比べると、格段に苛酷なのです。

創業と守成の関係を、具体的に人間に置き換えて考えてみましょう。すると、創業は初代の仕事。守成は主として2代目の仕事、ということになるでしょう。

日本の権力者に例をとると、たとえば鎌倉幕府でしたら、源頼朝は理想的な創業者でした。武士たちの信頼を一身に集め、日本で初めて、武家政治を開始した。ところが2代目の頼家は頼りなかった。頼朝ほどのリーダーシップを発揮できず、御家人たちから見放されました。その結果、幕府は北条氏のもとで続いていきますが、源氏将軍家は3代で絶えてしまいます。

室町幕府の初代は足利尊氏。人間的すぎて色々と欠点の多い人物ですが、とりあえず軍事指揮官としての手腕は確かでした。2代目が足利義詮《よしあきら》。うーん。この人はどう評価すべきなのか、ぼくにはよく分かりません。父の尊氏とは正反対で、軍事的な才能が乏しかったのは間違いない。政治的にすぐれていた、という話も聞きません。彼が何とかもったのは、あらかじめ叔父の直義が、「守成」の実を挙げていてくれたから、という気がします。ただ一つ、彼は没するに際し、幼い子息を託する人選を誤らなかった。それが細川頼之であり、頼之が育てた将軍こそ、足利義満なのです。

では、徳川幕府は？　それは次項でお話ししましょう。

秀忠がバツ付・子持ち・6歳上の江を愛した理由

前項で創業と守成の話をしましたが、江戸幕府に当てはめるとどうか。創業、徳川家康。好き嫌いはあるでしょうけれど、この人が政治にも軍事にも秀でていたことは、疑いようがありません。豊臣秀吉没後、家康に匹敵できる能力や経歴を有する人物は、他には見当たらない。まさに大名を束ねる器量、です。

では守成の2代目、秀忠はどうでしょう？　これがよく分からない。幼にして利発、長じて聡明、が如きエピソードは全くありません。武芸・武略に秀でていた、という話も聞かない。お付きの家臣たちに埋没して、彼自身の個性が見えません。周囲のサポートを突き抜けるような際立った特質をもっていないわけで、平均的とか、凡庸とかの評価がふさわしいのかな、とも思えます。

秀忠のキャラを考えるとき、まず思い浮かぶのは奥さんとの関係でしょうか。ご存じのように彼は、2度の結婚歴・子ども1人あり、6歳年上の江《ごう》（浅井長政の娘）と結婚し、2男5女をもうけました。彼女以外の女性が産んだ子は保科正之だけ。側室は置いていません。当時の天下人としては、驚くほど質素です。

彼が正室以外の女性を欲しなかった理由って、何だろう。3つ、考えられます。

①江が抜群の美人だった。
②江がたいへんに魅力的な女性であった。
③江の背後に、彼女を支援する有力者がいた。

①について。江は佳人として名高いお市の方の娘ですが、彼女が母に似た輝くような美人なら、色好みの豊臣秀吉が手放すはずがない。秀吉にとって憧れのブランドは何といっても「織田家」で、彼は信長の娘や姪の茶々を側室としている。江が美しかったら、当然、秀吉は愛妾としたでしょう。そうでないということは、江はさほど美しくなかったと推測できます。

③もないと思います。以前にふれた島津忠恒（のち家久）は、不仲の正室1人だけを妻としていた。それは、彼女が鹿児島の最高実力者、島津義久（当時は出家して龍伯）

の愛娘だったから。義久の逆鱗に触れては、当主の地位が危ない。それでやむなく、側室を置かなかった（義久が死ぬと、正室とは別居し、8人の側室を抱えた）。江は、そうした権勢者の庇護を期待できない。

それから、江は嫉妬深く、秀忠に浮気を許さなかった、なんてよくいわれます。でも、右を踏まえてみると、これも成り立たない。権力者は秀忠の方なんです。彼が気に入らなければ、江を離縁すれば良いだけの話。秀忠の行動を、誰も咎めません。当時の日本には、離縁を非難する宗教も、慣習もなかったのですから。

残るは②ですね。実に簡単な結論に落ちついてしまいますが、江は人間的にすばらしい女性だったのではないでしょうか。あるいは、秀忠と江はとても相性が良かった、とも考えられます。秀忠はなにしろ江をとても愛していて、側室を置く必要を感じなかったのでしょう。秀忠って、外見の華やかさより、中身の豊かさを重んじることができる人だったんじゃないでしょうか。

いや、ちょっと待って。ホンネでいきましょう、ホンネで。どんな美女でもよりどりみどりなんて、究極の男の夢じゃないですか。それができるのに、しなかった。うそっ！　とても信じられない……。卑俗な欲望にまみれた我々は、ここで呻くように推測せざるを得なくなる。秀忠さん、あなた、実はかなりの大物なんじゃない？

心の傷を抱えた秀忠の「守成」

慶長5（1600）年8月24日、徳川秀忠は3万8000の大軍を率いて、東山道を西に向かいました。会津の上杉景勝征伐に向かう途上で石田三成挙兵の知らせが届き、福島正則・細川忠興ら従軍する諸将のほとんどが、徳川家康とともに上方にとって返して三成を討つ、との決意を固めた「小山評定」より、ほぼ1カ月後のことです。

その軍勢には榊原康政、本多忠政（忠勝の嫡男）、酒井家次（忠次の嫡男）など、いわゆる「徳川四天王」とその後継ぎが顔を揃えていたほか、謀臣の本多正信や大久保一族も加わっていました。つまり、精強を以て知られる徳川兵団の、まさに本隊というべきものだったのです。

彼らの前に立ちはだかったのが、信濃・上田城の真田昌幸でした。昌幸の正室はテレビドラマや歴史小説では菊亭晴季の娘とされますが、まだ武田家の家臣であった昌幸（当時は武藤喜兵衛を名乗っていた）に上級貴族の息女が嫁に来るとは、さすがに考えられません。遠江に地盤をもつ宇多頼忠（のち羽柴秀長の重臣となる）という武士の娘、とするのが穏当でしょう。この頼忠の娘の一人は石田三成に嫁いでいて、つまり昌幸と三成は義兄弟だったのです。昌幸が西軍に味方したのは、このあたりの事情が関係していたのかもしれません。

よく知られるように、上田城の守りは堅く、大軍の攻撃をはね返して容易に落ちませんでした。秀忠は上田城の攻略をあきらめて西へ急ぎますが、悪天候も災いして、結局、9月15日の関ヶ原の戦いに間に合いませんでした。家康は秀忠を厳しく譴責し、しばらくは対面を許さなかったといいます。

本書の冒頭に記したように、ぼくは関ヶ原の戦いは「流れの中で」引き起こされた、と考えています。徳川方への内通が疑われる小早川秀秋が9月14日に松尾山城に布陣した。松尾山と家康が本陣とする赤坂が連携すると、三成らの大垣城は孤立する。そこで三成は急ぎ関ヶ原に陣を移し、それを追いかけた東軍との間で戦端が開かれる。つまり、関ヶ原での会戦は、当初から予定されたものではなかった。西軍の最強部隊、立花宗茂の軍勢がこの地にいなかったのも、そのためでしょう。

関ヶ原の戦いは、畿内進出を目的として、攻めるのが東軍。そうはさせじと守るのが西軍。ですから、戦いは攻める東軍の働きかけによって始まります。家康は、秀忠の軍を待つより、今この時に合戦を仕掛けた方が勝機あり、と判断して戦いの火蓋を切った。秀忠の来援を待つ、という選択をすることも十分に可能だったのに。すると、秀忠軍の不在はよくよく承知の上、ということになるわけですから、何もそんなに怒らなくてもいいのにな、とも思えます。

でも、叱責された秀忠にしてみれば、天下分け目の戦いに参加できなかったことは、癒しがたい心の傷になったに違いありません。そんな彼が領地を回復してやり、名誉の挽回に手を貸したのが、立花宗茂に丹羽長重だった。戦いの名手・宗茂に、寡兵を以て、北国の雄・前田家に痛撃を与えた長重。彼らを御伽衆として厚遇し、話し相手とした。何だか、秀忠の心情がよく分かる話ではありませんか。武人を統率する将軍でありながら、軍事での功績がない。大きな負い目を抱えながらも、彼は真摯に、江戸幕府の「守成」の任を全うしたのです。

徳川秀忠とお江《ごう》は、とても良い夫婦だったのではないか、とぼくは思っています。秀忠はお江の魅力（それが具体的にどんなものかは、残念ながら分からないのですが）に惚れ込み、他の女性にはほとんど興味を示さなかった（例外は保科正之の母）。

お江がすでに2度結婚した経歴があっても、前夫との間に子どもがいても、6歳年上でも、あまり美人ではなくても（と書き並べてみると、なかなかの迫力ですが）、小さい、小さい。秀忠は気にしなかった。

ぼくが中高生でしたから、40年くらい前でしょうか。電車の中の青年誌の吊り広告には、「処女性の考察」なんて品のない文字が躍っていたのを良く覚えています。今では考えられない光景ですが、やっぱりぼくたち凡俗は、そういうことが気になって仕方がないらしい（と、ひと事のように申しますが）。今まで何人とつきあったの？　とか、元カレってどんなヤツだった？　なんて、しょーもないことを根掘り葉掘り聞き、彼女をドン引きさせる男って、結構いそうです。

これに対して、育ちが良くて器の大きい人は、そんなことをしないイメージがあります。女性が嫌がることは絶対にNG。自分と他の男とを、むやみに比較しない。お父様のご職業とか、出身大学とか、そうしたハコ書きより、女性の本質をまっすぐに見る。

秀忠って、そうした人だったんじゃないかな。もちろん、これは学問・研究とはまったく別モノの、単なる感想にすぎないのですが。

秀忠の父の家康は、「未亡人好み」で知られています。三男の秀忠と四男忠吉の母の西郷局、それに六男忠輝と七男の母の茶阿局は子持ちの未亡人です。奥向きの取り締まりにあたった才女、阿茶局（茶阿と阿茶は別人です。もっとちゃんとした名前を付ければ良いのに）も未亡人。さらに調べてみると、家康だけでなく、実は信長の妻妾にも未亡人が。嫡男の信忠と信雄の母で、正室の待遇を受けた生駒氏は未亡人。七男と八男を生んだ興雲院も子連れの未亡人です。

もう一点、注目すべきことには、信長・家康の夫人たちは、みなさしたる名門の出身ではないのですね。彼女たちは、直ちにそれと分かるような羽飾りを付けていなかった。ハコ書きはなかったのです。信長や家康に見出され、愛を享けた。

これに比べて……といえば、もう勘の良い皆さんはお分かりでしょう。そうです。秀吉です。『伊達世臣家譜』には、秀吉の側室は16人とあり、そのうち名前が明記されているのは、次の方々になります。

○淀君（浅井長政とお市の方の娘。お市の方はいうまでもなく信長の妹）

○三の丸殿（織田信長の娘）
○姫路殿（織田信包の娘。信包は信長の弟で、お市の方は同母の妹。お市母娘は小谷落城後、信包に庇護された。姫路殿は淀君の近しい従姉妹）
○松の丸殿（近江国の名門、京極高吉の娘）
○三条殿（東北地方を任せた蒲生氏郷の姉妹）
○加賀殿（北陸の雄、前田利家の娘）

身分の高い武家女性ばかり。しかも織田氏関連の女性が三人も。これはまた、何とも分かり易い。秀吉は信長の一族を憧憬を以て仰ぎ見ていたんだろうなあ。かつての自分には、とても手が届かなかった、縁のなかった「お姫さま」。彼女たちを側に侍らせて悦に入っていたのでしょう。

「淫蕩」「獣欲」とフロイスに書かれた秀吉

「茶の湯、鷹野の鷹、女狂いにすぎ候こと。秀吉まね、こはあるまじきこと」（影写本『本願寺文書』東京大学史料編纂所架蔵）。原文は「すき候こと」で、ある研究者は「好き候こと」と読みますが、「過ぎ候こと」の方が良いでしょう。

天正19（1591）年8月、淀君が産んだ鶴松が、亡くなりました。実子を失って落胆した秀吉は、12月末に甥（姉の子）の秀次に関白職を譲り、後継者に擬《なぞら》えます。その際に、秀次に与えた訓告状の文言がこれです。茶の湯、鷹狩り、女遊びが過ぎてはいかんぞ。私のまねをしてはいけないぞ。自身の女性関係は行き過ぎたものであると、秀吉は自覚していたのですね。

『日本史』の執筆者、宣教師ルイス・フロイスは、秀吉についてこう記します。「主だった大名の娘を養女として召し上げ、彼女らが12歳になると自分の情婦にしていた。美人という評判が秀吉の耳に達すると、必ず連行された」。また、「極度に淫蕩で、獣欲に耽溺していた」。どこまで正しいのか、確認はできません。でも、たしかに右の秀次あての訓告状でも、せっかく正しい忠告をしておきながら、「ただし、邸内に5人・10人の女性を置くのは宜しい」と書いている。ほんと、台無しです。

先に、『伊達世臣家譜』に秀吉の側室は16人とあり、そのうち名前が明記されているのが、淀君をはじめ6人、と紹介しました。秀吉の閨《ねや》に召された女性は数多くいて、その中で側室としての待遇を受けたのが16人。中でも殊なる寵愛を受けたのが6人、と解釈すべきでしょう。英雄色を好むとはいいますが、たいへんなものです。

繰りかえしますが、秀吉の好みは分かりやすい。織田家を頂点とする大名家の姫君が大好き。武士と農民の階層を固定する政策が兵農分離ですが、刀狩りなどによってこれを進めたのが、秀吉でした。それに加えて、お嬢さま嗜好。こうしてみると彼は、一気に天下人へ駆け上ったことを誇りとするというよりは、農民出身であることに強烈なコンプレックスをもっていたのかな、と推測したくなります。

ここまで論を進めた時、あれ？　ぼくは不思議なことに気付きました。日本の伝統的なお嬢さまといえば、武家よりも公家でしょう。上流貴族の娘こそ、本当のお姫さま。ところが秀吉の側室には、そうした人はいません。貴族の娘や皇族の女性に懸想した、という話も伝わらない。これはなぜなのか。

3つの可能性が考えられるでしょう。①たまたまそうなった。……いや、あれだけ女性が大好きな秀吉なのです。これは考えにくい。②秀吉は朝廷や貴族のような伝統的な存在に深く敬意を払った。だから貴族の女性は対象外とされた。……これはあり得ます。でも、一旦どん底まで落ちぶれた朝廷に、絶対専制君主たる秀吉が遠慮するでしょうか。「わび・さび」の系譜をうけつぐ利休を否定し、絢爛たる黄金の文化を展開するところからも、秀吉が伝統に拘泥したとは、ぼくには思えない。

そうなると、③秀吉がお姫さまと認めたのは、あくまでも武家の娘。権力も富も失った朝廷のお姫さまは、彼の興味の外側に位置していた。これが正解のような気がします。彼は関白になって、朝廷に位置を占めた。でも、本心から朝廷を尊敬したのではなかった。女性関係からヒントを得て、そう解釈するのです。

第8章　城と命運をともに――女たちの戦国①

戦国は、女だって命がけ

戦国時代、戦っていたのは男性だけではありません。女性もまた、命がけの日々を送っていました。大名の娘ともなれば、生家と婚家の友好を維持するための外交官として、また城主である夫を補佐する行政官として働いた。夫が武運拙く城を枕に討ち死にするような事態に陥れば、ともに自害する道を選ぶ女性が多かった。かつて網野善彦氏は、女性は合戦とは「無縁」の存在だったとし、残酷な運命を免れたように説いていますが、そうでない事例は枚挙に遑《いとま》がありません。

女城主として有名な女性に、以前にも言及した立花誾千代《ぎんちよ》姫がいます。彼女の父は立花（戸次《べっき》）道雪。キリシタン大名、大友宗麟の重臣です。博多の押さえ、立花山城の城主だった道雪は、たぶん養子（弟の子）の戸次鎮連《しげつら》に同城を任せるのがいやだったのでしょう、一人娘の誾千代に譲ってしまいました。そして彼女の婿として迎えられたのが、稀代の戦上手、立花宗茂になるわけです。この顚末は、ご紹介しましたね。

一時は九州の過半を席捲した大友宗麟でしたが、その晩年においては島津氏の激しい攻勢にあい、受け身一辺倒になりました。天正14（１５８６）年4月5日、大坂に出向いた宗麟は秀吉に臣従して、島津家の討伐を願いました。秀吉は応諾し、九州に大軍を送る計画に着手します。

ただし、天下人秀吉は多忙を極めていたため、すぐには動けません。島津氏はその隙に大友氏を滅ぼし、九州統一を既成事実化しようと画策します。同年7月、島津軍が筑前に来襲。けれども、さすがは立花宗茂。立花山城を固め、島津軍を食い止めました。そこへ秀吉の命を受けた毛利勢が駆けつけ、島津軍は撤退します。

しかし、島津氏はなお諦めません。次には日向方面から豊後に侵攻し、大友の本拠に直接攻撃をかけてきました。このとき、戸次鎮連は島津に内応したため、誅殺されたといいます。この辺りは、道雪と鎮連の円滑ならざる「養父・養子」関係と、連動しているような気がしてなりません。ただ、鎮連の死をめぐっては他の解釈もあるようで、詳細は明らかではないのです。

ともあれ、このあとの鎮連の妻（大友重臣、志賀家の娘という）の行動が凄まじい。息子の統常《むねつね》に、内通という父の不名誉を雪ぐため、身命をなげうって戦うことを厳命。その上で、足手まといにならぬよう、幼い弟たちを刺し殺し、自害して果てたそうです。彼女の行為は、現代の私たちの尺度からすると、褒められたことではありません。でも当時としては、その覚悟は、尋常ならざるものだったでしょう。統常は母の言い付けどおりに島津軍と果敢に戦い、散っていきました。

北上する島津の大軍は、大友領を次々と侵食していきます。12月初旬には大友方の利《とし》光宗魚《みつそうぎょ》が守る鶴賀城（大分市上戸次字利光）が包囲されました。宗魚は懸命に防戦し、島津勢に損害を与えますが、運悪く流れ弾に当たって戦死。鶴賀城は落城の危機に立たされました。

この城が落ちれば、次はいよいよ大友氏の本拠である府内（大分市）です。ここで活躍したのが、宗魚の妻であったと伝えられています。亡き夫に代わって城兵を指揮し、厳しい攻撃を持ちこたえました。彼女は立花道雪の妹といいますから、この一族の女性は、みな「男なんかに負けるか！」という気概を有していたのかもしれません。

女城主たちの戦い

源平合戦の頃には、「一騎打ち」が行われました。「やあやあ我こそは」と名乗り合い、「うむ、よき敵ぞ」と認め合って、刃を交わす。数合打ち合うと、今度は「イザ組まん」と力比べ。この間、敵味方は原則、手出しをしません。

集団戦法が基本になった戦国時代の戦闘で、こんなことをやっていたら、あっという間に雑兵のエジキ。ムダに命を落とすこと請け合いです。戦場ではみんなが必死、命がけ。悠長な源平風「一騎打ち」の介在する余地は、ありません。

命がけは男も女も一緒です。とくに城攻めでは。落城したら、責任ある立場の女性には自害の運命が待っている。となれば、女性だって、ただ泣いてなんていられない。日ごろ家臣たちに慕われている城主夫人が腹をくくれば、荒くれ男どもに指示を出し、軍事指揮だってやってのけます。

前項で言及した島津の大友攻めに際しては、鶴賀城で利光《としみつ》宗魚夫人が奮戦した。名前が似ている鶴崎城（大分市南鶴崎）でも、女性が大活躍しています。同城は大友家の重臣、吉岡長増によって築かれた。長増の子の鑑興は既に戦死していて、当時の城主は鑑興の子、統増でした。ところが、彼は主人の大友宗麟とともに臼杵城に籠城していたので、鶴崎城兵の指揮権は鑑興の未亡人、妙林尼に委ねられていたのです。

妙林尼は落とし穴を掘ったり、鉄砲を駆使して、野村文綱ら3000の島津勢を翻弄しました。城攻めは容易に成就する、と高を括っていた野村らは困惑し、和議を持ちかけます。彼女は城兵の命を助けることを条件にこれを受け入れ、島津勢を手厚くもてなしました。するとここで、ついに秀吉の大軍が動き出したとの知らせが届き、島津全軍に撤退命令が出ます。すっかり仲良くなったつもりで、野村らは引きあげていく。すると妙林尼は、背後から追い打ちをかけました。油断していた島津勢は打ち破られ、ほうほうの体で敗走しました。

ところ変わって、美濃国東部。ここにも、敵軍と果敢に渡り合った女城主がいました。彼女の名は、おつやの方。織田信定の娘で、信秀の妹。つまり、あの信長の叔母にあたります。彼女の夫は岩村城（岐阜県恵那市岩村町）を領する遠山景任で、元亀3（1572）年に子が無いまま病死しました。おつやの方は信長の五男を養子にもらい受け、実質的な城主として、諸事を取り仕切ったのです。

ところが同年秋、武田信玄が大軍を催し、西上作戦を開始します。武田軍は徳川領を蹂躙し、東美濃にも侵攻。この動きの中で、おつやの方は城兵の保護を条件に、武田方に降ります。武田家からは重臣の一人、秋山虎繁（彼の名は信友とされてきたが、虎繁が正しい）が城主として送り込まれ、織田家との戦いの最前線に立ちました。おつやの方は虎繁と結婚。これを聞いた信長は激怒しました。おつやの方にだって、言いたいことは山ほどあったと思いますけれども。

天正3（1575）年、長篠の戦いで武田軍を打ち破った信長は、続いて岩村城の奪還に乗り出しました。信長の嫡子、信忠率いる大軍に攻められた虎繁は自らの命と引替えに城兵の助命を請い、受理されました。しかし、叔母の裏切りを許せない信長は、約束を反故《ほご》にします。虎繁とおつやの方は、磔にかけられ無惨に処刑されました。城兵もまた、城中の一郭に追いこめられ、殺害されたといいます。

連載時のぼくの文章のお隣には、「いくつになっても、男は現役！」とか「熟年夫婦こそ性を楽しみましょう」といった広告が載ることが多かった。いつも興味深く拝見しておりましたので、それに多少関係することを。

「男女七歳にして、席を同じゅうせず」なんて儒教では説きますけれども、そんな固いことを強要するのは、江戸時代の武家社会のみ。ほかの時代、それに町人・農民は、おおらかに性を楽しんでいたと考えられます。だいたい、日本には男子禁制の後宮の制度なんてないでしょう？　それがあったのは江戸城（大奥）だけ。雅びな朝廷では、昔からずっと、そんなヤボは言いっこなし。

ですから公家社会には、兄弟だけど実は父ちゃんが違うぞ、とかあいつは○○様のご落胤《らくいん》だぞ、という秘密がたくさんあったはず。「崇徳天皇は、白河上皇のお子さんだ」とか、「平清盛も白河上皇の子だ」とか、研究者はマジメな顔をして議論しているけれども、そんなことを詮索しだしたらキリがない。ちゃんとした研究として成立させるためには、もうひと工夫、必要ですね。

おおらかといえば、日本の神仏。その特徴は随所に見て取れますが、性に関してもそう。同性愛はいけない！　なんておっしゃらない。それゆえ貴族社会でも武家社会でも、男色は普通。博覧強記を謳われた平安末期の左大臣、藤原頼長の日記『台記』に、自らの男色の遍歴が詳細に記されているのは、有名です。

同性愛がもっともよく見られたのは、なんといっても仏教界です。天台・真言の伝統的寺院にあっては、かわいいお稚児さんはまさにアイドル。稚児をめぐって、荒くれ坊主の僧兵が大げんか。これはまた、微笑ましい。欲望に忠実だった当時のお坊様たちが、女犯を禁じる戒律を守り通せたのは、ひとえにお稚児さんのおかげでしょう。まあ、学僧として有名なある方（東大寺の宗性という人）の、稚児百人斬りの所業を知った時は、正直なところ、ドン引きしましたが。

戦国時代は、男色がとくに盛んな時代でした。男らしい気概が重んじられたし、戦場には女性を連れて行けないし。戦国武将が側近くに侍る小姓を、のケースは、一般的だったのでしょうね。織田信長がまさにそのパターン。ただ「さすが信長だな」と思わせるのは、相手を選ぶ時に容姿だけではなく、「能力」を重視していた点です。こいつは役に立つ！　というのが、信長のツボ。ですから「彼が愛した男たち」には、前田利家、長谷川秀一、堀秀政など、錚々たるメンバーが名を連ねます。

またもう一つの「さすがに信長だな」が、「彼が愛した男たち」の扱い方。どれほど可愛がっていても、一切の特別待遇をしない。具体的には、どんどん危険な戦場に放り込むのです。そのために不慮の死を遂げたのが、万見仙千代（重元）。容姿端麗な上に文事にすぐれ、信長の寵愛を独占。将来の出世まちがいなし、とは衆目の一致するところ。ところが信長は、彼ですら最前線に立たせた。それで、仙千代は有岡城の荒木村重攻めに際し、あっけなく戦死してしまいます。それで、彼の後釜に坐したのが、森蘭丸という運びになるのです。

いけません、女城主の話をしようと思っていたら、男色の話になってしまいました。必ず繋がりますので、このあともお楽しみに。

『戦国武将のBL（ボーイズラブ）』

織田信長には寵愛する少年（青年）がいた。他の大名たちにも有名なお相手がいたようですね。たとえば、武田信玄。彼が春日源助（後の春日虎綱。世にいう高坂昌信）にあてたラブ・レターは、ぼくが勤務する史料編纂所に残っています。それから伊達政宗。彼の重臣として有名なのは片倉小十郎景綱ですが、景綱の嫡子の景長は政宗の男色相手を務めたといいます。景長は小早川秀秋にも懸想され、あとをつけ回されたといいますから、よほどのイケメンだったのでしょう。

一方で、信長の事業を継いだ豊臣秀吉は、女性は大好きだったのに、男性には全く興味を示しませんでした。あれだけ女性がお好きな殿下のことだ。美少年をお嫌いなわけがあるまい。あるとき側近たちがいたずらを企み、大広間に秀吉と美少年を二人きりにしました。どんな具合か、と彼らがこっそり覗いていると、秀吉は少年の方へ歩み寄り、肩を抱くようにして耳元で何か囁いている。すわ！　と側近たちは色めき立ち、様子を注視します。ところが、秀吉は案に相違してすぐに少年から離れ、大広間を出ていってしまいました。

あれ、おかしいな。側近たちは少年のもとへ駆けつけ、様子を尋ねます。殿下はそなたに何を仰せになったのか。定めて、そなたを口説いたのであろう？　いいえ、いいえ。そうではございません。殿下は私に一言、お尋ねになったのです。ほう、何をお尋ねになったのだ？　はい。汝に姉か妹はおらぬか、と。

秀吉の次の天下人、家康についても、男色の話というのは、それほど残っていないと思います。ただ一人の例外を除いては。そのただ一人、というのが井伊直政です。いわずとしれた徳川四天王の一人、極めつきの武闘派です。家康が東海から関東に移封され、江戸に本拠を構えたときには、家臣たちの中で最も多い12万石を領し、上野の箕輪《みのわ》城を居城としました（のちに高崎城を築いて移る）。関ヶ原の戦いでは先陣を務め（厳密には抜け駆け）、島津軍と戦うなどして武功を挙げ、石田三成の近江・佐和山18万石を与えられました。

井伊直政といえば、「井伊の赤備え」。武田家の山県昌景の部隊にならい、赤一色の具足を着けた井伊隊は、精強をもって鳴る徳川家中でも最精鋭として知られていました。直政は「殿（家康）の寵愛を受けたがために出世した」と言われるのがとてもいやだったらしく、赤備え隊の指揮は家老の木俣守勝に任せ、自身は兵たちの先頭に立って、敵に立ち向かっていきました。そのため、同じ四天王の本多忠勝が「傷一つない」ので有名だったのとは正反対で、身体中傷だらけだったそうです。

井伊家は「三河以来の譜代家臣」の扱いを受けていますが、これこそはまさに家康の恩寵。井伊家は遠江・井伊谷《いいのや》（浜松市北区引佐町）の領主で、徳川家に仕えたのは、万千代と呼ばれていた直政が初めて。家康はその頃、浜松を居城として武田家と戦っていました。ではそれまでは井伊家はどうしていたかといえば、基本的には今川家に従属していたのです。今川家との関係を断ち、万千代を養育し、彼を家康に引き合わせたのは、直虎という人物。この直虎、名前こそ「なおとら」ですが、実は女性。規模こそ小さいけれど、井伊谷城の女城主でした。

井伊家の女主人、直虎

徳川家臣団といえば、三河譜代。幼い家康が織田・今川の人質になっているあいだ、苛酷な状況に耐えながら、あるじ不在の岡崎城を守り抜いた。戦場に出れば精強そのもの。国が豊かな尾張兵など、三人がかりでなければ三河兵一人に敵わない……。そんなイメージで語られます。彼らはまさに家康の財産でした。

そんな徳川家臣団にあって、異彩を放っているのが井伊直政です。彼は父祖の代から「徳川＝松平」家に仕えたわけではない。自身一代で、家康の信頼と評価を獲得したのです。「井伊の赤備え」の武功は有名ですが、関ヶ原の戦いの後は外交官としても活躍。毛利・島津・長宗我部氏との折衝に当たっています。

遠江国井伊《い》谷《いのや》の領主、井伊氏の名がもっとも早く現れるのは南北朝時代です。井伊道政が後醍醐天皇の皇子、宗良親王を井伊谷城に保護しました。宗良親王の子・尹良《ゆきよし》親王は井伊谷城で生まれたといいます。戦国時代には井伊氏は今川氏の傘下にありましたが、一族に次々に災いが及んでいきます。

まず井伊直宗が今川義元の戦いに従って、討ち死に。その弟の直満は、義元の命令によって殺害されました。直宗の子の直盛は桶狭間の戦いで、義元と運命をともにした。また直満の子の直親は、義元の子の氏真の命で殺されました。永禄6（1563）年、直宗の父の直平が、老齢をおして、今川氏に命じられた軍事活動に従事します。ところが彼は、その途中で陣没。曳馬城（後の浜松城）の飯尾連竜の妻、田鶴《たづ》の方に毒を盛られたといいます。余談ですがこの田鶴の方、連竜の死後は城主として家康と戦い、城と運命を共にしたそうです。ここにも女城主がいた。

男たちの横死が続いた井伊家は、永禄8年、直盛の一人娘で未婚の次郎法師を直虎と名乗らせ、家督を嗣がせました。次郎法師は直盛の従弟、直親の妻になるはずでしたが、直親の父の直満が自害を命じられたとき、身の危険を感じた直親が国外に逃亡したため、婚姻が実現しませんでした。直親はやがて井伊谷に帰りますが、次郎法師とは別の女性と結ばれ、永禄4年に一子虎松が生まれています。

直虎が主となった井伊家には、なおも苦難が降りかかります。同11年、井伊谷城はついに、小野道好という者に奪われてしまいました。道好と父の道高は今川家の目付のようなかたちで井伊谷をずっと監視しており、今川家による直満・直親の誅殺に深く関与していました。いってみれば、井伊家の不倶戴天の仇敵だったのです。2年後、直虎はようやく道好の排除に成功しました。ところがこれで一安心と思いきや、元亀3（1572）年、今度は武田信玄最晩年の西上作三河の徳川家康と好《よしみ》を結び、その力を借り、ようやく道好の排除に成功しました。とこ

戦が始まりました。強力な武田の大軍に敵し得ず、直虎は井伊谷城を明け渡し、虎松とともに落ち延びました。

天正3（1575）年、虎松は徳川家康の小姓として召し出されて名を万千代と改め、井伊谷の領有を許されました。直虎は井伊家の存続を見届けて出家。祐円尼として余生を過ごし、7年後に死去します。万千代はこれを機に元服。彼こそが井伊直政なのです。

戦国を生き抜いた女性、直虎を描く本格歴史小説、高殿円『剣と紅』（文藝春秋）が2012年に、発表されました。おもしろいです。一読をお勧めいたします。

テーマは戦国の女性ですが、マンガから始めます。

ぼくはマンガが大好きで、歴史に題材を取ったものも数多く読んでいます。その中で、かくも地味な歴史の顚末が、こんな傑作に仕上がるんですか!! と驚愕したことがある。それが、『寄生獣』『ヒストリエ』(ともに講談社) などの作品で数々の賞に輝いた岩明《いわあき》均《ひとし》さんの『雪の峠・剣の舞』(同) です。

このうち、『雪の峠』の舞台は、江戸時代初頭の秋田。関ヶ原で東西両軍どっちつかずの去就を示した常陸54万石の佐竹義宣は、戦後しばらくあってから秋田20万石に左遷・転封されます。義宣と若手側近の渋江政光は窪田に居城を築くことを提案しますが、いまだに旧領・常陸を恋しがる老臣の川井忠遠《ただとお》らはこれに強く反対し……。有名武将や豪傑・剣豪のマンガ化はしばしば見られますが、この作品には人口に膾炙した人物は全く登場しません。題名の「雪の峠」と深く関連する上杉謙信への言及があるくらい。ともかく稀有の作品です。

作中で主人公・渋江政光のライバルとして登場するのが、軍略家として家中の尊敬を集める梶原政景。彼は若き日に、上杉謙信から才能を認められた人。それで佐竹家の面々に、謙信のエピソードを語って聞かせるのです。彼は武蔵・岩付城主、太田資正（三楽斎）の次男で、梶原家（古河公方家の重臣）の養子に入っている。

資正は姓でお分かりのように、太田道灌の子孫。武蔵に勢力基盤をもち、はじめ扇谷・上杉家に仕えていましたが、主家が滅亡した後は独立して北条氏と戦いました。山内・上杉家を継いだ謙信とは、ゆるい主従関係を結んでいます。誰のものか忘れましたが、「家康ががっちりと武田家へ備えていたから、信長は京都方面で活躍できた。三楽斎が北条家の抑えの役目を果たしていれば、謙信ももっと雄飛できたろうに」という文章を読んだ記憶があります。言いたいことは分かりますが、家康と比べるのはちょっと……。これは資正には酷な評価でしょう。

武田信玄の駿河侵攻によって「甲・相・駿」三国同盟が崩れると、信玄と戦うことで利害が一致した上杉謙信と北条氏康は、永禄12（1569）年、「越・相」同盟を結びます。太田資正はこれに反発し、謙信と不和になります。このとき謙信は重臣の山吉豊守《やまよしとよもり》に命じて、三戸《みと》景道の妻に手紙を書かせます。景道はやはりゆるやかに謙信に従属していた武将で、彼の妻は資正の妹なのでした。

「あなたの力で、資正が以前のように忠節を尽くしてくれるよう、説得して欲しい。ともかくも、あなたが頼りだ」。謙信は、山吉を通じて、景道の妻に懇願します。彼女の名は「としやう」ですが、どういう漢字をあてるべきか、分かりません。ともあれ、彼女は期待に応えて行動したらしく、このあと謙信と資正の関係は修復されました。

戦国の女性の政治的な働きは、なかなか表に出てきません。これは文書で証明することのできる、数少ない例の一つです。

最後に余計なことを。佐竹義宣は国替えにあたり、常陸国中から美女をかき集め、残らず秋田に連れて行ったといいます。彼女たちのDNAは秋田の気候風土に根付き、それが「秋田美人」発祥の淵源になった。いや、あくまで伝説ですけれども。……うん？待てよ。そうすると、常陸の方はどうなるのかな……。いやこれは、莫言《ばくげん》、莫言《ばくげん》。

第9章　危機一髪の逃避行――女たちの戦国②

「首どもの血くさき中に寝た」戦国の女たち

「戦国時代は女性だって命がけ」をテーマに掲げ、女城主の話を取りあげてきました。でも、何だかもの足りないな……。そんなことを思っていたら、担当編集のMくんが、とても良いアドバイスをくれました。「本郷さん、一般武士の妻や娘は、戦いの場ではどうしていたんですか。城主になれちゃう女性より、身分が下位。〈普通の〉女性たち。彼女たちに興味あるんですけど」。そうか、それだ！

城での攻防となると、城内には多くの女性・子どもがいました。戦火の中での彼らの生活を知るすべは、多くありません。でも、わずかながら、体験を語ってくれている人もいます。山田去暦《きょれき》という武士の娘、「おあむ（おあん）」さん。80歳くらいになった彼女は子どもたちにせがまれて、若いころの話をした。聞いていた少年の一人が、後になってこれを書き残した。これが『おあむ物語』で、短いながら、実に生々しく、戦場での女性の姿を伝えてくれています。

慶長5（1600）年9月15日、美濃・大垣城から転進した石田三成以下の西軍と、徳川家康率いる東軍は、関ヶ原で激突しました。同時に、西軍が本営を置いていた大垣城でも、攻防戦が開始されます。城を守るのは石田三成の娘婿（妹婿ともいう）の福原長尭《ながたか》（直高とも）以下7500。攻める東軍は、水野勝成・堀尾忠氏・西尾光教ら1万5000。山田去暦は石田三成に仕えて300石。このとき大垣城に配属されていました。そして彼の妻と娘のおあむも城内にいたというのです。

関ヶ原で西軍が敗れると、大垣城でも敗色が濃厚になってきました。石火矢（大砲）が城内に撃ちこまれます。「櫓《やぐら》もゆるゆるうごき。地もさけるやうに」思われ、おあむは生きた心地がしませんでした。それでも彼女は母や「家中の内儀・娘たち」と天守に集まり、鉄砲の玉を鋳《い》ました。

天守には、味方の武士が取ってきた首が運び込まれてきました。女たちは首の価値を上げるため、それぞれにお歯黒をつけました。化粧を施したのです。「首も怖いものでは。あらない。その首どもの血くさき中に。寝たことでおじやつた」とあります。虫が教室内に飛んできただけで、ぼくが教えている女子大生は「キャーッ」と悲鳴を上げて逃げ回ります。そのすがたが女の子の本来だとするならば、凄惨な戦いは、いかに人間の感覚を麻痺させてしまうのでしょう。

ここでよく分からないのは、「家中の内儀・娘たち」がなぜ大垣城にいたか、です。本来、合戦の場に、女性は帯同しないはずです。三成は大垣滞在が長期にわたると見越して、家中の女性たちを動員し、西軍の兵の世話をさせようとしたのでしょうか。もしそうであるなら、後方支援のため、女性が働いていたことになります。まさに「戦国時代は男も女も戦う」のです。

ただし、これは大垣城の話ではないのでは？　おあむの記憶、もしくは物語の書き手に混乱・錯誤があるのでは？　と疑うことができる。というのは、寄せ手の大将として田中吉政（三河・岡崎10万石）がでてくるのですが、彼が参加したのは他の史料から明らかに、大垣城攻めではない。三成の居城、佐和山城攻めなのです。もしも話の舞台が佐和山城ならば、「家中の内儀・娘たち」がそこにいるのは当然、です。

どちらが正しいかは、判然としません。しかしどちらにせよ、戦いの場が「この世の地獄」だったのは間違いなさそうです。

『おあむ物語』の舞台や如何に

「おれが親父《しんぷ》は。山田去暦《きょれき》というて。石田治部少輔殿（三成）に奉公し。あふみの国ひこ根に居られたが」と、おあむ（おあん）は語り出します。でも、これ、誤りです。歴史好きな方なら、すぐにお分かりでしょう。石田三成が大改修して、「三成に過ぎたるもの」と謳われた居城は、彦根城ではなく、佐和山城です。

関ヶ原の戦いの後、佐和山18万石に封じられたのは井伊直政でした。上野・高崎12万石から、6万石の加増。上方への備えとして、また「秀吉第一の近臣は三成だったが、おれにとっての三成は直政、おまえだぞ」という家康の信頼の証しとして、彼が選ばれたのでしょう。直政は佐和山に代わる城の建設を企図していましたが、ほどなく亡くなりました。彼の遺志を継いで井伊家が築いたのが、佐和山から2キロほど西方の彦根城と城下町でした。

石田家滅亡の後、おあむは近江国を離れます。だから、彦根には縁もゆかりもないはず。それなのに彦根の名を出し、佐和山と言わない。何だかへんだぞ、とぼくは違和感を覚えました。それで、もしかしたら、と思いついたことがあります。「佐和山」はおあむにとっての、いわば「忌み言葉」だったのではないか。おあむは佐和山という名を、口にしたくなかったのではないか。

関ヶ原での合戦は慶長5（1600）年9月15日。そのあとすぐ、西軍を破った家康は、あるじ不在の佐和山城に猛攻撃をかけます。少数の守備兵は果敢に応戦。ですが所詮は多勢に無勢です。同月18日、さしもの堅城も陥落し、三成の妻、父と兄、それに多くの侍たちが城と運命をともにしました。一方で、おあむの父、山田去暦は生き延びる道を選びました。300石の禄を食んでいたといいますから、立派な上士です。同僚や部下たちは殿（三成）と城に殉じたのに、我が家は生き残った。その事実が武人たる山田家みんなの、ある種の悔悟となった。だから、おあむは、佐和山の名を忌避した。そうは考えられないでしょうか。

『おあむ物語』の舞台は、彼女が語るように大垣城なのか。それとも、大垣だと不自然な点がある（大垣城に石田家の女性がいること、史実では佐和山を攻撃した田中吉政勢が攻め寄せていること、など）ので、実は佐和山城だと解釈するべきか。彼女が佐和山に対して複雑な思いをもっていたとすれば、後者が正しいように思えるのです。

落城は必至という緊迫した状況下、寄せ手方より、矢文が届きました。去暦どのは「家康様御手ならひの御師匠」であるから、命を助けよう。落ち延びるがよい、というのです。「手習いの師匠」が具体的にどういうものかは分かりません。ですが、去暦一家は、ともかくも城を抜け出すことにしました。天守閣の北の塀の脇からはしごを掛け、つり縄を下げ、降りたところでたらいに乗って堀を渡りました。寄せ手は連絡が回っていたとみえて、攻撃してきません。一家は無事に城外に出ました。

このあと去暦は土佐に赴き、土佐の太守となった山内一豊に仕えます。自由民権運動の先頭に立った立志社の第2代社長、山田平左衛門はその子孫といいます。平左衛門はもと土佐藩馬廻役、580石取りといいますから、堂々たる上士です。去暦はきっと、厚遇されたのでしょう。なお、おあむは同じく土佐藩上士である雨森《あめのもり》氏行（雨森家は近江・浅井氏の遺臣）に嫁ぎ、長寿を保ったのでした。

「おあむ」の次の戦国女性の語り部は……

おあむ（おあん）が立て籠もっていたのは大垣城？ 佐和山城？ 何だかよく分からなかったぞ、という友人の指摘があったので、もう一度整理します。

私は大垣城にいた。おあむ自身は、そう証言している。でも、田中吉政の軍勢が攻め寄せてきた、とも言っている。ここが矛盾するのです。吉政は関ヶ原で戦った後、佐和山城を攻撃した。大垣城攻めには参加してないのです。

そこで、ぼくは考えてみました。おあむはウソをついていて、実際には佐和山城にいたのではないか。彼女の父の山田去暦は、石田家の上士でした。当時の武士の習いからすれば、城を枕に討ち死にして然るべき立場の人でした。でも家康との縁を楯とし、逃げ出した。おあむはそれを恥じて、「佐和山」を自らの禁句にしたのではないか。

彼女の証言が正しくて、おあむは大垣城にいたと仮定しましょう。すると、石田三成は西軍の一大拠点にするつもりだった同城に、家中の女性たちを連れてきていたことになります。

正真正銘の勝負の場に、女性が大量に動員されていた。こんな事例は、他では見たことがありません。小田原城を包囲する豊臣秀吉が淀君や松の丸殿を呼び寄せた、というのとはわけが違います。これは、使える。みんなあんまり注目していないから、「女性も戦っていた」ことを強調する、絶好の史料になる！

でも……。やっぱりぼくは、右に述べたように、彼女は佐和山城にいたと解釈してしまいます。すると、石田家の女性たちが城中にいたことは「当たり前」ですから、史料の「使い出」は低下せざるを得ない。

「おあむが佐和山を自らの禁句にした」云々は引っ込め、「大垣城だと史実に合わない点がある」なんてことも一切言わずに、「女性も戦っていた」んですね！　とやっちゃおうか。いや、それは研究者としての良心が許さないし……。うーん、こんなことにこだわるので、ぼくはメジャーになれないのかもしれません。

ちなみに田中吉政（１５４８〜１６０９）は近江の人。農民の出身ともいわれています。宮部継潤、羽柴秀次に仕え、秀次が失脚した後、秀吉の直属となりました。関ヶ原の戦いでは家康側につき、伊吹山中に逃亡していた石田三成を捕縛し、また佐和山城を陥落させました。その功により筑後一国32万石の大大名となり、立花宗茂が没収された柳川城に入りました。彼のあとは四男の忠政が嗣ぎましたが、嗣子なく改易。宗茂が城主に復帰するのです。

さて、おあむ（おあん）を取り上げたら、当然次は、おきくでしょう。この女性は大坂城にいて、淀君に仕えていました。慶長20（1615）年、大坂城が徳川方に攻められて落城したとき、20歳の彼女は必死に城から逃げだします。のち岡山藩の医者の家に嫁ぎ、83歳という高齢で亡くなりますが、彼女は孫の田中意徳という医師に、脱出行の様子を語り聞かせていました。そして意徳からそれを聞いたある人が筆をとり、『おきく物語』が生まれたのです。

おきくの父は山口茂左衛門。その父は山口茂介といって近江の浅井家に奉公し、高禄を得ていたといいます。淀君は浅井長政の娘ですので、茂左衛門は早くから彼女に仕えていた。それで、大坂の陣が始まると、彼はおきくを伴い、大坂城に入城したのです。

さて、彼女はどうやって生き延びるのでしょうか。

おきくの城外脱出

大坂を舞台とするおきくの物語は、北近江の戦国大名、浅井家と深く関わりをもって進行します。まず彼女の父・山口茂左衛門、祖父・茂介は浅井家の侍でした。禄高は１２００石と物語は記しますが、さすがに多すぎる。上級武士だった、ということで良いでしょう。ただ運の良いことに、茂介の組下に藤堂与右衛門、若き日の藤堂高虎がいた。茂介が何くれとなく与右衛門の面倒を見たこともあって、後に山口茂左衛門は藤堂家の客分となり、３００石を給されました。

さて、徳川と豊臣が手切れとなると、茂左衛門は20歳のおきくを連れて大坂城に入城し、討ち死にを遂げました。父を失ったおきくは浅井長政の娘である淀君に仕えるうちに、いよいよ慶長20（１６１５）年5月7日の落城の日を迎えました。ただし彼女は危険を感じることもなく、本丸でいつも通りの生活を送っていた。そば粉があるのを見つけ、近くの下女にそれを調理して焼くよう、命じたりしています。

ところが下女が台所に入っていったその時、徳川方の総攻撃が始まった、との情報が飛び込んできました。急いで見晴らしの良い場所に出て外を見てみると、あちこちから火の手が上がっている。ここでおきくの決断は早かった。逃げよう！　帷子《かたびら》（麻などのひとえ）３枚を着込み、帯（原文は下帯。腰巻と解釈するべきか）を３本しめて建物の外に出、北へと向かいます。

広い城内ですから、走り抜けるだけでもたいへんだったはず。でも、原文には特別な記述がありません。彼女の素早い決断が功を奏し、まだこの時点では、戦闘は城の北側までは及んでいなかった。嵐の前の静けさ、というところでしょうか。おきくが無事に城外（京橋口）に出てみると、ここにも武者はいなかった。

ところが物陰から単衣物1枚だけを身につけた男が現れ、錆びた刀を抜いて金品を要求してきました。おきくが懐中にしのばせていた竹流し金（7両2分に相当する。現代では75万円ほど？）2本を与えると、男はたいそう喜びました。そこで彼女は「藤堂殿の御陣はどこか」と尋ねてみました。男が南の松原口、と陣所を教えると、おきくは思いきって交渉を始めます。藤堂陣に到着したら、また金を与える。だから私をそこまで連れていって欲しい。すると男は承諾しました。得体の知れぬ男に護衛されながら、彼女は歩き始めました。旧主の元へ帰ろうとしたのです。

ここで分からないのは、この男の行動です。全くほめられた話ではありませんが、おきくをなぜ、襲わなかったか。まだ金を所持していそうだ、と思えば強盗に早変わりしても不思議ではない。また、おきくに乱暴を働く可能性だってあった。それなのに、彼女のいうことに耳を傾け、従順に行動している。

だから、ぼくは想像します。おきくはものすごく肝の据わった武家の女性で、足軽クラスの男（女性に置き換えれば、そば粉を調理するように命じられた下女に相当するか）に厳しく指示を与えるだけの威厳をもっていたのだろう。それに、この女をいま襲うより、あとで褒美をもらった方が得だ、と理解させるだけの、聡明さを兼ね備えていたのだろう。

とはいえ、男の気持ちがいつ、どのように変わるか、分かったものではありません。おきくはどうしたのでしょうか。

〝初〟一行との遭遇

おきくは大坂城外に出て、南の松原口にある藤堂高虎の陣所を目指します。お供は素性の知れぬ足軽風の男で、いつ強盗に早変わりするか分からない。その時、彼女は常高院（原文では要光院）の一行に出くわしました。彼女はいわゆる浅井三姉妹の一人で、名は初。淀君の妹で、江《ごう》（二代将軍秀忠の正室）の姉。若狭の大名、京極高次の正室でした。この高次も浅井家ゆかりの人で、母が浅井久政の娘、長政の姉妹。ということは高次と常高院はいとこになります。

彼女は最後の和睦工作をするために、大坂城内にいました。豊臣秀頼はムリでも、淀君の助命を画策していたのでしょうか。彼女は武士に負ぶさり、周囲に侍や女中が付き従っていました。それから、城内から逃れてきた女たちが、数多くいたようです。これを見たおきくは、チャンスだと瞬時に判断し、怪しげな男を振りきり、常高院の一行に加わりました。藤堂家への帰参は断念したのです。

一行は北に向かい、守口で休息しました。そこへ徳川家康から召しがあり、輿が遣わされてきました。常高院は逃げてきた女たちに、申し渡します。たとえ女の身とはいえ、大坂城内に立て籠もっていたわけだから、将軍が何と仰せになるかは分からない。私もできるだけ口添えするが、厳しい命令が下るやもしれぬ。覚悟だけはしておくように。それを聞いた女たちは泣き崩れたのでした。

おきく同様、常高院に庇護を求めた女性に、山城宮内《くない》の娘で、豊臣秀頼付きの女中がいました。彼女は帷子が一枚、下帯も一つというありさまでした。おきくは気の毒に思い、自分が着ていた帷子一枚と下帯（この書き方からすると、紐状の帯ではなく、腰巻と解釈するべきか）一つを分けてあげました。それで二人は仲良くなったのです。

山城宮内とは、山城宮内少輔忠久のことでしょう。かつては豊臣秀吉に、この時点では徳川幕府に仕え、一貫して使番《つかいばん》を務めていた人物。使番は、戦場で伝令や監察を行う役職です。敵軍への使者にもなりました。主君の代理として振る舞うのですから、大切な役目です。将軍直属の上級旗本で、確証はありませんが、2、3000石くらいは知行していたような感じです。

驚くべきことに、その山城家の娘が大坂城にいた。表向きは義絶していたのでしょうか。細川忠興（当時は豊前小倉39万石）の次男の興秋が入城している例（落城後、忠興の命で切腹）もありますので、あり得ぬ事ではありませんが。事の真偽を含め、この辺りの事情を知るための史料は、残念ながらありません。

余談ですが、山城忠久は元和3（1617）年、前年に没した徳川家康を祀る東照社（後の東照宮）造営のために働くうちに、同僚の本多正盛（実子は安藤重長。高崎5万6000石を領する）と確執があって自害しました。正盛もあとを追うように切腹。『関原軍記大成』31は、驚くべきエピソードを記しています。

正盛に恥辱を受けた忠久は、以前から親しくしていた福島正則に相談した。すると正則は、いわゆる指腹《さしばら》（自分は腹を切るが、その代償として、自分が指名した相手にも腹を切らせる行為）をすすめ、幕府が正盛をかばったら自分が黙っていない、と請け合った。忠久は喜んでそれに従い、正盛は自死を命じられた、というのです。興味深い話ですが、福島正則の関与については、裏が取れません。

逃避行の結末

山城宮内の娘（面倒なので、山城さんと呼ぶことにします）の出自（父は将軍に直属で役付）は、おきくさんのそれ（藤堂家の客分として300石）よりも、間違いなく数ランク上。二人がどのような関係を結んだか、は原文には明記されていません。平穏な世であれば、山城「ねえ、おきく」きく「はい、山城さま、何でしょう？」という調子でもおかしくないと思います。とりあえず、対等な友人関係というのは、想定しにくい。でも命をかけた逃避行という状況が状況だけに、身分を超えた友情が育まれたのかもしれません。

「大坂城内にいた者は、女性であっても、いかなる罪に問われるか分からない。私もできるだけのことはしますが、覚悟だけはしておきなさい」。常高院（浅井三姉妹の次女）

はそう言って、徳川家康に会いに行きました。守口の民家で一同が緊張して待っていると、やがて彼女は帰ってきて、輿を降りる時間も惜しむように、急ぎ吉報を伝えてくれました。「話はつきましたよ。罪は問わない。好きなところへ行ってよい、とのご上意です」。それを聞いた女たちはわっと歓声を上げます。常高院さんて、下の者に配慮してくれる、すてきな女性ですね。

おきくと山城さんは、二人で京へ向かいました。先ずは大坂城に出入りしていた旧知の商人を訪ねたところ、落人を泊めるわけにはいかない、と家に上げてくれません。それならば、と山城さんの叔父に当たる「織田左門」の屋敷に行ってみると、ここでも門内に入れてくれない。おきくは怒って「この方はご主人の姪御に当たられるのですよ。それでも入れて下さらぬのですか」と声を張り上げました。すると、すぐに邸内に通され、たいへんなもてなしを受けました。左門は「姪を一人、拾うことができた」と、おきくに丁寧に礼を述べたのです。

この織田左門も、調べてみたら、なかなかに有名な人物です。織田有楽斎《うらくさい》（信長の弟で、名は長益。彼の屋敷があった地が、のちの有楽町）の嫡子で、名は頼長。傾《かぶ》き者、茶人として知られ、冬の陣までは父とともに大坂城内にいました。冬の陣の後にいったん徳川と豊臣の和議が結ばれます（その証しとして、堀を埋める、というあれです）が、そのときに大坂城を退去しました。本当は3万石あまりの父の領地を嗣ぐべきところ、大坂方に与《くみ》したということで廃嫡、隠遁。京都で暮らしました。

この織田頼長が叔父さんというのですから、有楽斎の娘の一人が山城忠久に嫁いでいたはず。でも系図類からは、確認できませんでした。頼長もすぐには「山城さん＝自分の姪」と認識できなかったようなので、何らかの理由があって二人は疎遠だったと思われます。日ごろから親密なつきあいをしていたら、山城さんは他の誰をおいても、彼に助けを求めたでしょうし。

さて、おきくは4、5日、頼長の屋敷にいたあと、同じく京都に暮らす松の丸殿のもとに赴きました。松の丸殿は豊臣秀吉の愛妾で、名は京極竜子。父は近江国の名門武家、京極高吉。母は浅井久政の娘。常高院の夫である京極高次の妹（姉とも）で、浅井三姉妹（浅井長政の娘）とはいとこに当たります。

おきくの浅井家ネットワークは、再び有効に機能します。松の丸殿は彼女を召し抱えてくれました。再就職活動、大成功！　おきくさんの必死の脱出行は、ここで終わりを告げたのです。

武将たちの「乱取り」

おきくさんの大坂城からの脱出行を見てきたわけですが、なあんだ、かんたんに逃げられたんだな。いくさといっても、この頃の戦いは呑気なものだ、なんて思っていらっしゃいませんか。いえいえ、それは違います。ぼくの伝え方が拙いだけ。彼女は客観的に見て、実に危うかった。

なぜ彼女が助かったか。第一に、決断が早かった。城に火の手が上がったのを見るや、身一つで走り出した。それが脱出に成功した最大の原因です。ぐずぐずしていたら、城内に乱入してきた敵兵に捕捉され、ひどい目にあっていたでしょう。加えて第二に、「北へ」向かう常高院の一行に遭遇した。彼女の父・祖父が浅井家の家臣だったので、縁故をアピールできた。もし常高院に会えなかったら、また一行に加わる許可が出なかったら、彼女は南の方に展開していた藤堂陣を目指し、歩き続けたはず。南下するとは、すなわち、餓狼のような徳川方に自ら飛び込んでいくに等しい。

大阪城天守閣に『大坂夏の陣図屏風』が所蔵されています。黒田長政が合戦のすぐあとに描かせたもの（異説もあり）で、右隻と左隻の二つから成り、それぞれ6つに折り曲がります（六曲一双の屏風）。右隻は城南の情景で、豊臣・徳川両軍が激しく戦っています。右端に家康・秀忠の本陣、左端に大坂城天守閣を配し、その間にびっしりと両軍の兵が描き込まれる。

でも、いま注目したいのは、むしろ左隻。ここには、落城にともなう城北の混乱と惨状が、これでもかと描かれるのです。敗走するのは兵士だけではありません。大坂城下に住む町人も、小舟に乗り、あるいは歩いて、淀川を渡って逃げようとしています。そこに容赦なく徳川兵が襲いかかる。罪もない町人が乱暴され、捕らえられ、殺されていく。外国人宣教師は、淀川は死体であふれ、死者は10万人にのぼったとリポートしています。誇張はあるでしょうが、たいへんな犠牲が出たのです。

戦国大名は、「乱取り」ということをしました。戦いの後に、兵士が戦場付近の人や物を掠奪したのです。敵地の民家に押し入って食料や家財道具を奪う。とんでもない行為ですが、これはまあ、分かる。でも、人を掠め取るとは？　そう、用途は奴隷（という言葉は当時は使われていませんが）。

「男女生け捕りなされ候て、ことごとく甲州へひきこし申し候。さるほどに、二貫、三貫、五貫、十貫にしても、身類（親類）ある人はうけ申し候」（『妙法寺記』）。これは武田信玄が信濃の志賀城を攻略した時のこと。男女を生け捕り、甲府へ連行した。1貫は10万円くらいですから、親族は20万～100万円で捕らえられた人を買い戻す。でも、そんな大金、普通の農民にはありません。黒川金山などでの強制労働に追いやられる人が多かったのではないでしょうか。眉目《みめ》良い女性ならば売春でしょう。

義を重んじた武将として有名な上杉謙信も、乱取りを黙認しています。常陸の小田城を落とした時の事例で、この時は人の値段は20銭から30銭。2000円とか3000円くらい。えらく安いようですが、それだけ大量に奴隷狩りが行われたのでしょう。

戦国時代を終わらせた秀吉や家康は人身売買を禁止する方へ舵を切りますが、それでも大坂の陣ですら、「乱取り」は行われた。おきくさんは本当に危なかったのです。

第10章　厚遇と冷遇の境界線――論功行賞

妹の美貌に救われた「蛍大名」

『おきく物語』を、「おきくと近江」に注目して読み解いてきました。浅井家出身の淀君に常高院。浅井長政の妹の子で、秀吉の愛妾の松の丸殿。おきくは彼女たちと関わりをもって、娘時代を送ったのでした。今回は常高院の夫、松の丸殿の同母兄である京極高次について考えてみましょう。

近江の京極氏といえば、それはもう由緒正しい家柄です。当時まで生き残っていた武家の名門といえば、最右翼は常陸の佐竹でしょう。八幡太郎義家（その玄孫《やしゃご》が源頼朝）の弟、新羅三郎義光の直系。これに次ぐのが薩摩の島津、近江の京極。毛利や上杉は、鎌倉時代にはさほど有力でないので、さらにその次。佐竹と同祖の甲斐・武田は信長に滅ぼされ、島津と同格の豊後・大友は秀吉に改易されました。

平治元（1159）年の平治の乱。近江の佐々木荘（近江八幡市）を領していた佐々木秀義とその子たちは源義朝に従って（秀義の妻は義朝の妹）敗北、本拠を失います。奥州平泉の藤原秀衡のもとに落ち延びる途中、相模の渋谷重国が「オレの所で世話をさせてくれよ」と救いの手を差し伸べてくれました。好意に甘え、父子は渋谷荘（綾瀬市など）で日々を過ごしました。

世は平家全盛。復活のチャンスはなかなか巡ってきません。渋谷屋敷での居候生活はなんと20年に及び、ようやく源頼朝の旗挙げに邂逅。年を取った秀義に代わり、4人の息子たち（その母は義朝の妹ですから、彼らは頼朝のいとこ）が勇躍、源氏の陣営に参加しました。四郎高綱の宇治川の先陣争い、三郎盛綱の備前・藤戸での活躍は、軍記物語や謡曲で有名です。

この後は頼朝の躍進と軌を一にして、佐々木の家運は隆盛の一途。秀義こそ平家残党との戦いで戦死しますが、兄弟で多くの荘園を獲得。本拠である佐々木荘も取り戻した上、近江の守護となり、同国全域に影響力を行使しました。やがて佐々木本家は六角氏と京極氏に分かれ、室町時代にはそれぞれが近江半国の守護（近江の守護はあくまで六角で京極は数郡を任されただけ、との異説あり）に任じられたのです。

このように、鎌倉時代から北近江を支配してきた京極氏にも、下克上の波は容赦なく押し寄せました。近江の在地の武士たち（国人）は、次第に京極氏の命令をきかなくなっていきます。その国人の代表が戦国大名へと成長していった浅井氏です。浅井久政（長政の父）は娘（後にカトリックに帰依。洗礼名マリア）を京極高吉に嫁がせ、高吉を傀儡《かいらい》として用いました。実権も領地も失った高吉は、新進の織田信長に子の高次を人質として差し出し、隠居。高次はそのまま信長の家臣になりました。

天正10（1582）年、本能寺の変の後、高次は妹の竜子が嫁いでいた若狭の武田元明（武田氏は同国の守護を務めた名家）とともに光秀に従い、秀吉の居城である長浜城を攻めます。ところが、光秀は秀吉に敗れ、元明も自害しました。高次は絶体絶命のピンチに立たされますが、これを救ったのが、竜子でした。美貌の竜子は前夫・元明を死に追いやった秀吉の側室となり、兄の助命を嘆願したのです。

竜子は、秀吉の寵愛を淀君と競う松の丸殿となりました。兄の高次も次第に昇進し、大津6万石を領するまでになりました。世人は高次は自身の功でなく、妹の尻の光で出世したと嘲り、陰で「蛍大名」と呼んだといいます。

妹の尻の光で出世「蛍大名」の「男のみせどころ」

さて、「蛍大名」京極高次。彼は家柄こそ抜群だけれど、武功は何一つない。それなのに、妹である松の丸殿が天下人・豊臣秀吉の愛妾だったおかげで、京の都に近い一等地、大津6万石の大名になった。そう人々に嘲られたといいます。妹の尻の光で出世した、まことに情けないヤツ、と。

松の丸殿は、夫の武田元明を破滅に追い込んだ当の秀吉から、寵愛されました。弱肉強食の戦国の習いとはいえ、そこには複雑な愛のかたち（元明からすると、いま一部で人気の「NTR＝ネトラレ」）がある。だから、人々が彼女を見る眼は、何とも「微妙な」ものだったと推測できます。そうしたことが、高次への評価を、ますます辛辣にしていたのかもしれません。

ですが、その「蛍大名」が、武門の意地を見せるときがやって来ました。関ヶ原戦役です。高次ははじめ、石田三成らの西軍に属しており、北陸方面に展開する大谷吉継と行動を共にしていた。ところが大谷隊が美濃へと転進する最中に、突如として兵を返し、居城の大津城に籠城。東軍へ寝返る姿勢を明らかにしました。慶長5（1600）年9月3日、もしくは4日のことです。

兵は僅かに3000。西軍のまっただ中での挙兵ですから、徳川方＝東軍の援軍は期待できない。確固たる勝算があったとは思えません。それでも高次は立ち上がった。まさに一世一代、「男のみせどころ」。

実は徳川家康は上杉討伐に東下する際、大津城に高次を訪問していました。どんな話をしたか史料は残っていませんが、挙兵のタイミングや方法に至るまで、家康から事細かな要請があったものと思われます。

高次裏切る、と聞いた三成らは驚き、いそぎ毛利元康（毛利元就の八男で、輝元の名代の一人）を大将に、立花宗茂（筑後・柳川13万石）、小早川秀包《ひでかね》（元就の九男、小早川隆景の養子。筑後・久留米13万石）ら1万5000の兵を大津城に向かわせました。

「蛍大名」の予期せぬ行動に動揺し、過剰な反応をした感が否めません。というのは、宗茂と秀包は卓越した野戦指揮官であり、しかも連携する相性が抜群だった。この二人を本隊から割く必要があったのか。「鶏を割くに、いずくんぞ牛刀を用いんや」（『論語』

陽貨編）というヤツです。

9月8日、大津城攻撃が始まりました。京極勢は固守。こうなると、そう簡単に城は落ちません。これに先立つ伏見城の戦いでは、西軍本隊4万は鳥居元忠ら1800が守る同城を攻略するのに、14日かかっている。田辺城の戦いでは、西軍1万5000、細川幽斎ら守備側500。それでも、組織的な抵抗は10日以上続いた（朝廷をまきこんだ外交があり、実際に開城したのはさらに約40日後）。野戦の名手も、城攻めでは十分に機能しません。

9月13日、大砲が撃ち込まれました。砲弾は天守に命中。城内は大混乱となります。ここで立花勢の一隊が城壁に取り付き、城内になだれ込むことに成功。二の丸を落としました。翌14日も二の丸を足場として猛攻が続きます。やむなく同日夜、高次は開城を決断。一命を助けられた彼は、15日朝に城を出て剃髪、謹慎の地、高野山へ。

大津城は落ちました。けれどもその9月15日とは、まさに関ヶ原での決戦の日。勇猛をもって知られた立花隊・小早川隊をはじめとする1万5000は、本戦に参加することができなかったのです。「蛍大名」高次の働きは、まことに大きなものがありました。

「蛍大名」の乾坤一擲に家康の論功行賞

「蛍大名」京極高次は大津城に籠城し、西軍1万5000の足を止めました。しかも、関ヶ原での決戦に参加できなかったその軍勢には、勇猛を以て鳴る立花宗茂隊・小早川秀包《ひでかね》隊が含まれていました。大手柄！

ただし、9月15日、すなわち決戦の当日に、京極勢は降伏しました。高次は剃髪し、高野山へ。それで、一般向けの歴史雑誌には「もう1日、がんばって抗戦していたら。さすれば、関ヶ原での戦いの結果が伝わり、西軍は撤退しただろう。大津城は落ちなかった。城が健在だったら、京極家にはより多くの褒美があったろうに、もったいないことをした」と説明されることが多いのです。

ぼくは以前から、こうした叙述に疑問をもっていました。城を守り抜こうが、降伏しようが、大軍を足止めした功績は、厳然として「あった」。関ヶ原での敗戦で、西軍は事実上、壊滅。毛利元康以下1万5000は、大津城で東軍を迎え撃つのでなく、さっさと大坂城に引き上げていった。大津を西軍に奪取されたことは、その後の情勢に何らマイナスに作用していない。だったら、開城したか否かで、高次の処遇に変化があるとは思えない、と。

まあ、前口上はそれくらいにしておいて。それでは、高次の一世一代、「男のみせどころ」の評価はいかほど？　答えは、若狭一国8万5000石と、近江に7000石。あわせて9万2000石です！　あれ？　もとが大津6万石ですから、加増は加増ですよね……。でも、正直なところ、思ったほどではないような……。日本海の物流と京都を結ぶという点で、若狭が重要かつ富裕な国であるのは理解します。それでも、周囲みな敵、の中で敢然と反旗を翻した代償としては、お安いような気がします。そこで、高次と他の大名の例を比べてみましょう。

まず譜代。関ヶ原戦役における徳川家康の論功行賞は、譜代に対しては「吝嗇《ケチ》」だろうと思います。たとえば上野・館林10万石を領していた、徳川四天王の1人、榊原康政。彼は徳川秀忠とともに中山道を進んできたので、関ヶ原での決戦に間に合わなかった。そのため、「戦場で働いていない」とのことで、加増はなく、館林10万石のまま。中山道制圧の戦功は認められませんでした。また、徳川家が「天下さま」に上昇したのですから、「三河以来、ご苦労さん」というボーナスがあっても良さそうなものですが、これも一切無し。

同じく四天王の本多忠勝。彼の場合は事情が複雑で、本多家の軍勢（嫡男・忠政が指揮）は中山道隊に属していました。忠勝自身は僅かな家来とともに家康に付き従い、関ヶ原では軍監（現場の軍事指揮官）として戦場を疾駆しました。また、毛利勢の中立化など、外様大名との外交交渉でも働いた。その結果、上総・大多喜10万石から伊勢・桑名10万石へ移封。大多喜には次男の忠朝が5万石の大名として残りました。本多家全体では5万石の加増です。

井伊直政は上野・高崎（箕輪）12万石から、近江・佐和山18万石へ。6万石の加増。でも井伊隊は東軍の先鋒を務めていますし、直政自身は忠勝と同じく軍監の任にあった。島津義弘隊との戦闘では重傷を負い、戦中・戦後にかけて外様大名との交渉を行った。譜代大名第一の封土を得ますが、直政の八面六臂の活躍を考慮すると、これとて大盤振る舞いにはほど遠い。やはり家康は、身内に厳しかったといえるでしょう。

加藤清正へのご褒美

周囲はみな敵。そんな中で敢然と東軍につき、西軍1万5０００を大津城にくぎ付けにした「蛍大名」京極高次。その褒賞として大津6万石から加増され、若狭一国ほか9万2000石の大名へ。この評価は、さて、いかなるもの？

前項では、家康は徳川の譜代の家臣には「ケチだった」と指摘しました。では外様は？　石田三成や小西行長らと対立していた、いわゆる「武断派」に属する加藤清正を参考例にしてみましょう。肥後北部を領有していた彼は上杉討伐に参加せず、国元の隈本（のち熊本）にいました。関ヶ原の本戦には参加していません。

では東軍の一員として何をしたかというと、小西行長とその部隊が留守にしていた宇土城を攻めたり、東軍の勝利が確定した後、立花宗茂の柳川城を開城させたり。戦いでは何が起きるか分からないので、容易な戦いなんてない。それを踏まえた上でも、高次のような「命がけ」の覚悟とはちょっと違うかな、という戦いばかり。東軍全体の勝利には、さほどの貢献をしていないように思えてしまう。

薩摩の島津への抑え、という解釈はできます。ただし、当時の島津氏が恐れていたのは、外敵より内なる敵。家中の筆頭家老、伊集院一族です。本書で先にふれましたが、権勢を振るった伊集院忠棟が主家に討たれたのが慶長4（1599）年4月のこと。その報せを聞いた忠棟の子の忠真は、本拠である日向・都城に立て籠もり、島津宗家に反旗を翻しました（庄内の乱）。

鎮定には時間がかかり、翌年3月、乱はようやく終息。けれども、島津義久はなお警戒を解かず、そのため関ヶ原戦役に際し、まとまった兵力を国外に送り出せなかったのです。島津勢の活動を封じ込めた功労者は、清正というよりは、伊集院忠真（結局慶長7年、主命により誅殺）というべきでしょう。

いや、それでもなお、島津勢の上方への進出を防いだのが、清正の手柄だとしてみましょう。派兵が可能な島津勢は1万5000くらい（朝鮮半島へは1万人を派兵）ですから、清正と高次が引き止めた兵力はほぼ同数です。島津勢1万5000の破壊力は強力この上ありませんが、大津城包囲部隊には精強を以て鳴る立花宗茂・小早川秀包隊がいましたから、イーブン、と解釈しておきます。

それで結局、清正はどれほどの褒美を貰ったか。肥後北部20万石あまり（検地のしようで25万石）から、肥後国の大半など54万石の大大名になっているのです。これは家康、気前が良い。良すぎます。そして、それはなぜかといえば、清正が豊臣大名の代表格だから。秀吉への忠誠で知られる清正を手なずけることは、政治的に大きな意味をもった。そう説明するのが、無理のない推論でしょう。

そう考えると、高次が哀れです。せっかく命を張って戦ったのに。清正と同等の戦功を挙げたはずなのに。でも、彼の加増はごく僅か。拝領した若狭は京都に近く、いってみれば高級地。田舎の土地とは比べられないかもしれない。けれど、武家の都自体が上方から江戸へ移るわけで、そうした理屈も虚しくなります。所詮は高次は軽く見られていたのか。どこまでいっても、「蛍大名」なんでしょうか。

いやいや、待てよ。清正の厚遇にはもしかしたら、他の要素が働いていたのかもしれない、と思いつきました。その詳細は次項で。

あの家康も婿殿には甘い!?

加藤清正は必死の戦いをしていない。でも石高は25万石から50万石超へ。家康はなぜ厚遇を？　狙いはもちろん、PRでしょう。あの清正ですら家康に従った。そうなれば、外様大名たちは、徳川家に忠誠を誓いやすい。

だけど、もう一つ原因があるのではないか。ぼくはそう考えます。それは、清正が家康の婿だった、ということ。これについては、清正と同じ外様大名、池田輝政、蒲生秀行を傍証にすることができます。

輝政の妻は家康の次女、督姫。彼女の夫だった北条氏直は、小田原落城の翌年に没した。文禄3（1594）年、30歳の彼女は秀吉の仲介を得て、池田輝政に再嫁しました。当時の輝政は三河吉田城主で15万石ほど。

関ヶ原戦役での輝政は、緒戦の岐阜城の攻略でこそ、功を立てた。福島正則と一番乗りを競った、といいます。ですが肝心の関ヶ原本戦に際しては、功績なし。というのは、南宮山の毛利勢への備えとして、陣を布いていたのです。毛利勢は戦前の約束通り、不戦を保ちましたから、池田勢は戦闘に参加する機会がありませんでした。

家康の論功行賞は、基本として成果主義だと思います。実際にどれだけ戦ったか、が大事。毛利軍が事前の交渉を反故にして、家康本隊の背後を衝く可能性はあった。そうなれば、池田隊は全力で戦ったはずだから、そこをカウントして下さいね、はダメ。「もしも」を言うときりがないので、無視しますよ。だから、たとえば関ヶ原本戦に間に合わなかった榊原康政はご褒美ゼロですよ、というわけです。

だとすると、輝政の功はさほどではない。それなのに、戦後、播磨で52万石の領地と姫路城をもらった。ちなみに、岐阜城でも関ヶ原本戦でも奮闘した福島正則は、尾張・

清洲24万石→安芸・広島49万石。どう見ても、輝政の方に手厚い。この処遇は、戦功だけでは説明できません。

蒲生秀行の場合は、もっと極端です。秀行の父の氏郷は、東北地方の抑えとして、会津で92万石。ただし40歳の若さで病没し、あとを13歳の秀行が継ぎました。ところが若年の秀行は家中を統制できず、宇都宮18万石に移されてしまいます。その妻となったのが、家康の三女、3歳年長の振姫でした（会津領主時代の秀行と婚約し、宇都宮に左遷された16歳の秀行の元へ輿入れした）。

父の氏郷は前田利家に親しみ、家康に対抗意識を持っていたフシがあります。ですが秀行は東軍につきました。減封の恨みもあったでしょうし、妻の父ですから。秀行に課された役目は、会津の上杉に備え、宇都宮の防備を固めること。

上杉氏は、本書でも以前に取り上げたように、南進策を採らず、北の最上領を攻めました。ですから、秀行は全く戦わなかった。となれば、加増は「ゼロ」が基本線になるはず。ところが会津60万石が与えられ、秀行は旧領への復帰を果たしたのです。92万石から18万石へ、という大減封が前提にあったにせよ、これは気前が良すぎます。秀行が家康の婿殿でなければ、こんな措置はあり得ません。

というわけで、清正も家康の婿だったので、大幅な加増が実現できたのではないか。それがぼくの推論です。でも、待てよ。清正の妻って、家康の実の娘だったでしょうか？　その説明は次項に致しましょう。

「清正」が前面に出した公的〝戦略〟

加藤清正は徳川家康の婿である、というと、歴史に詳しい方は「そんな話があったっけ？」と首を傾げられると思います。でも、清正は確かに家康の娘を妻にしている。但し、彼女は家康の養女なんです。法名は清浄院。三河刈谷城主の水野忠重（徳川家康の母、お大の方の弟）の娘。慶長４（１５９９）年、前妻を亡くした清正に嫁ぎます。清正死後も熊本城にあり、化粧料１万石を与えられていますから、徳川将軍家との関係に配慮して、大事にされていたのでしょう。

ちなみに清正の前妻は、山崎片家という人の娘。片家と山崎家は、小身ながら大名として生き抜きます。片家の孫の家治の時に、島原の乱で荒廃した天草領の領主となり復興に尽力。その功で、讃岐丸亀５万３０００石に加増・転封。ところが家治の孫の治頼が8歳で亡くなったため、山崎家は改易。そのあとに丸亀に6万石で入ったのが、京極高次の孫の高和です。

慶長11（1606）年、清正は書状を認《したた》めます。宛先は上野・館林10万石の主、榊原康勝。17歳の康勝は前年に清正の娘の「あま」8歳と婚姻したばかり。清正は婿となった若殿に、あまと生母・浄光院との贈答のあり方について、具体的な教訓を与えています。現代語訳してみましょう。

『娘（あま姫）の生母（浄光院）の方へ、多くの進物を贈られましたね。誰の指示でしょうか。このようなことは、ご無用に。と申しますのは、娘（あま姫）の母親は、公的には、私の正室（清浄院）なのです。生母は表には出ません。生母と娘の関係は「内々のこと」でありますから、進物などは無用です。

娘の母として、あなた（康勝）にちゃんと挨拶をしたい。そう妻（清浄院）が言っていましたが、延び延びになっておりました。そこに、どうしたものか、と困惑してしまう贈り物を、あなたが（生母に対して）なさいました。

やるべきことは、私どもの方から指示いたします。春になったら、妻（清浄院）から正式な挨拶があるでしょう。生母とのつきあいは、どうかそのあとに。正室の挨拶のあと、大坂にいる生母（浄光院）とご相談ください。（正室の挨拶がないうちは）生母に物を贈ったりしてはいけません』

人間関係を整理します（水野勝之・福田正秀『加藤清正「妻子」の研究』ブイツーソリューション、２００７年）。清正には法名を浄光院と称する側室がいて、慶長の役で朝鮮に渡る際に、彼女を帯同しました。懐妊した彼女は、加藤軍が撤退する途中、清正の長女を産みました。これがあま姫です。榊原康勝は「徳川四天王」の１人、康政の嫡子。26歳で亡くなります。18歳だったあまは大坂城代阿部正次の嫡男・政澄に再嫁。のちに老中にまで出世する正能を産みました。あまは生母の浄光院を呼び寄せ、阿部家でともに暮らしました。

あま姫の正式な母は、側室である生母ではありません。血はつながっていませんが、正室なのです。正式な母である正室からの挨拶がないうちは、生母との連絡は取らないように。清正はそう言っています。

側室より正室が大事。その正室も実は小大名・水野忠重の娘だが、公的には家康さまのご息女である。公的な面を前面に押し出して「自分は家康の婿である」と振る舞うことにより、関ヶ原戦役において、清正は大幅な加増をかちとったのではないでしょうか。

なぜ徳川縁戚の京極高次は軽視されたか

徳川家康の論功行賞は、譜代の家来すじには厳しいが、親族に甘い。それを指摘してきました。でも、ちょっと待った。京極高次の妻、初（常高院）と、徳川秀忠の妻、お江《ごう》が同母の姉妹であることは有名です。それなのに、高次の功績には、厳しい査定が行われているように見える。これはなぜでしょうか？

その理由の第一は、秀忠の関ヶ原遅参でしょう。秀忠は肝心の関ヶ原本戦に参加していない。それゆえに、論功行賞においても、秀忠の意向は取り入れられなかった。理由の第二は徳川家の政治的な特徴で、この時期の同家の意思決定は、専ら当主である家康が行っていた、ということでしょう。秀忠は世継ぎとして処遇されていたけれども、重要事項の決定には影響力を行使できなかった。高次の軽視は、それを裏付ける史実として使えるかもしれません。

高次と初のあいだには、実子が生まれませんでした。初は側室が生んだ高次の長子、忠高の養育に積極的に関与したといいます。また妹のお江が生んだ秀忠の四女を養女に迎え、忠高と結婚させています。寛永11（1634）年、父から若狭小浜を譲られていた忠高は、出雲・隠岐2カ国26万石に加増転封。京極氏が室町時代に守護を務めていた、ゆかりの地です。その上、石見銀山も任されました。

おお、やはり徳川家の縁戚となると、優遇されるのだ！　と思ったのですが、気になることが1つ、あります。忠高と秀忠四女（この姫の名も初）の夫婦仲は良くなかったらしい。子どもは生まれず、寛永7年に初姫が29歳で死去したとき、忠高は臨終に立ち会わず、相撲見物に興じていたそうです。このため大御所・秀忠の怒りを買った。初姫の葬儀は秀忠が徳川家と縁の深い小石川伝通院で執り行い、忠高ら京極家の人々は葬儀への出席を許されませんでした。

そうなると、徳川家との縁戚云々は関係ないのかな……。いや、秀忠と家光は不仲だったというしな。秀忠を怒らせたことは、家光にとっては痛快事だったのかな。秀忠の死没が寛永9年、忠高の加増が同11年というのも気になるし……。正直、この辺りはよく分かりません。ともかくも、妹のおかげで出世した「蛍大名」高次は、関ヶ原の論功行賞においては、閨閥とは無関係に評価されたのです。

では、高次と比べるべきは誰だろう？　あ、もうすっかりお忘れかと思いますが、ここしばらくのテーマは、西軍1万5000の兵を大津城に足止めした高次の処遇、大津6万石から若狭9万石へ、はどう考えるべきか、でした。それを他の大名のケースと比較してみよう、というわけです。

そうすると、田辺城の細川幽斎、それに伏見城の鳥居元忠が好適なのかな、と思いつきました。二人とも、周囲が西軍だらけであった中で城に立て籠もり、戦いました。幽斎は長く西軍を足止めして、開城。元忠はご存じのように、壮烈な討ち死にを遂げています。この二人の事例と、高次を比べてみるとどうなるでしょう。それは、では、次章に詳しく述べようと思います。

おまけ：彦根にうかがう機会があり、現地の方に教えて頂きました。現在、国宝に指定されている彦根城の天守。あれは大津城の天守を移した可能性が高いそうです。といっても、そのままの姿を移築したのではなく、大津城天守をいったん解体して木材を彦根に運び、デザインを一新したものに作りかえたのだとか。勉強になりました。

第11章　鳥居対井伊——譜代の争い

戦端が開かれた伏見城攻防戦

慶長5（1600）年、6月16日、会津征伐のために大坂城を出陣した徳川家康は、いったん伏見城に入りました。この時の家康は「千畳敷の奥座敷にひとり立って、機嫌よく四方を見回し、にこにこと笑っていた」といいます（『慶長年中卜斎記』）。自分の留守中に石田三成らが挙兵すること、それを討って天下を手に入れること。その道筋が、はっきりと見えていたのでしょう。

家康は鳥居元忠に伏見城死守を命じ、兵1800を残して東下しました。元忠は松平家の老臣であった忠吉の子。「松平竹千代」の時代から、家康に近侍。兄が戦死したため家督を嗣ぎ、家康の戦いには必ず従軍。小田原討伐戦ののち、下総・矢作（香取市）4万石を領していました。

7月、いよいよ三成が挙兵。17日、大坂城の西の丸（家康の拠点であった）を占拠した三成ら西軍は、翌18日、元忠に対して伏見城の明け渡しを要求します。元忠と同じく守備についていた木下勝俊は早々に退去しましたが、元忠は敢然と拒絶しました。西軍は伏見城を包囲、攻撃を開始。その兵、4万。

木下勝俊は長嘯子の号で知られる歌人でもありました。父方の叔母さんが北政所。正室の宝泉院は森可成《よしなり》の娘ですから、蘭丸の姉妹です。彼女は夫の振る舞い（いわば敵前逃亡ですね）に激怒し、彼女の方から離縁したといいます。関ヶ原戦役の後、領地の若狭一国と後瀬山城（小浜市）は、家康により没収されました。そのあとに入るのが京極高次で、小浜城の建設に着手することになります。また、彼の娘の一人は前章で触れた山崎家治（石垣が立派な丸亀城の再建に着手。京極家は同城主として落ち着くことになる）の妻になっています。

勝俊と逆の行動を取ったのが、佐野綱正という人。彼は豊臣秀次に仕え、秀次失脚後、家康に臣従しました。大坂城西の丸の留守居役を務めて３０００石。関ヶ原戦役では、西軍へ西の丸を明け渡し、家康の側室たちを連れて大坂城外に出ました。その後、彼女たちを知人に預けて伏見城に入城。果敢に戦い、討死しました。これぞ武士の鑑。佐野家は大幅な加増に与ったのだろうと思いきや、さにあらず。側室の守護を放棄し、いたずらに功を挙げようとした、と咎められたのです。家の取り潰しは免れたものの、2000石余りを召し上げ。うーん、領地を増やすのは難しい。

伏見城攻めの西軍の陣容は、というと、総大将が宇喜多秀家。副将は小早川秀秋。その他に毛利秀元・吉川広家の毛利勢。小西行長・鍋島勝茂の九州勢。長宗我部盛親、長束正家など。なお、徳川家康と約束ありとして、島津義弘が1000人余りを率いて守備側に加わろうとしましたが、その話は鳥居元忠に伝わっておらず、入城を拒まれています。島津勢はやむなく西軍に加わりますが、そのあと献策をことごとく退けられ、関ヶ原本戦では戦闘に不参加。東軍勝利が定まってから、その東軍に突撃するようにして退却した話は、以前に書きました。「島津の退き口」です。

2013年の9月、しまたけひとさんの『敗走記1』(講談社)というコミックが刊行されました。しまさんは義弘一行が辿った道を実際に歩き、コミック化しました。本書を読んで下さっている方はコミックが苦手だろうな、とは想像がつきますが、それでも、おすすめです！

壮烈討死に報いた家康の破格ご褒美

慶長5（1600）年7月18日、伏見城に攻め寄せたのは、大将の宇喜多秀家以下4万。守るは鳥居元忠を大将とした1800。守備隊は果敢に戦い、10日以上、がんばりました。ですが兵力差はいかんともしがたく、8月1日、元忠は敵将の鈴木孫一に討ち取られ、城は落ちました。

鈴木（雑賀）孫一といえば、ただちに司馬遼太郎さんの小説がイメージされます。私事になりますが、ぼくは司馬さんの小説が大好き。中でも愛読したのが土方歳三を描く『燃えよ剣』（新潮社）と、この『尻啖《くら》え孫市』（講談社）。文句なしに面白いです。未読の方は是非どうぞ。鉄砲を自在にあやつる孫市は小説の世界から飛び出して、いまや戦国TVゲームの人気キャラクターにもなっています。

ただし、研究者の宿命でヤボを申しますと、司馬さんの描く孫市は、紀州雑賀の領主、鈴木重意《しげおき》・重秀・重朝の事績から生み出された架空の人物です。この3人、血が繋がっていたのは確実ですが、具体的にどういう関係かは定まっていません。そもそも「まごいち」を名乗っていても、孫市ではなく、孫一らしいし。

元忠を討った孫一は、豊臣秀吉に仕えた重朝。関ヶ原戦後、浪人した後に伊達政宗に仕え、政宗の仲介によって徳川家康の直臣となり、さらに水戸の徳川頼房に付けられました。禄高は3000石。子息の重次には子がなかったので、主君・頼房の十一男、重義（水戸光圀の異母弟）を養子に迎えます。重次のころ、鳥居元忠の四男の瀬兵衛が頼房に仕官し、恩讐をこえて仲良く交わったそうです。

伏見城に籠城した中には、まことに妙な人も混じっていました。上林《かんばやし》竹庵。宇治で茶を商う、上林一族に連なる人物です。竹庵は名を政重といい、家康に仕えて三河に土地を与えられていました。その後、彼は宇治に戻り、茶の湯を利休に学ぶなどして、茶師として生活していました。けれども、石田三成らが徳川討伐の兵を挙げると、旧主・家康の恩に報いるべく、伏見城に入城し、元忠とともに討ち死にを遂げたのです。彼の献身もきっとカウントされたに違いありませんが、上林家は江戸時代を通じて、徳川将軍家ゆかりの茶問屋として栄えました。現在の緑茶飲料『綾鷹』の開発に尽力した上林春松本店が、まさにこの家なのです。

さて、話は横道にそれてしまいましたが、いよいよご褒美のお話です。鳥居元忠は三河武士の気骨を満天下に示しました。では家康はこれにどう酬いたか。元忠の嫡子、忠政は父の死に伴い、とりあえず下総矢作（千葉県香取市）4万石を嗣ぎました。戦後に彼が与えられたのは、陸奥の磐城平（福島県いわき市）10万石でした。譜代にはケチ、が家康でありましたから、この加増は破格かもしれません。元忠の働きの重さを、しっかりと受け止めた処遇といえるでしょう。

鳥居家の躍進はさらに続きます。元和8（1622）年、最上氏（57万石）が改易されたあとを受けて、出羽山形22万石に加増移封されました。この22万石という数字は、譜代では彦根の井伊家（当時は25万石。のち35万石）に次ぐものでした。しかも同時に新庄（山形県新庄市）藩主となった戸沢政盛（6万石）は忠政の妹婿、庄内（山形県鶴岡市）藩主となった酒井忠勝（13万8000石）は娘婿でしたから、現在の山形県の過半を占める「鳥居グループ」が出現したのです。鳥居家には伊達政宗など、東北諸大名の監視が命じられたといいます。

付記：歴史研究家の鈴木眞哉氏から、鈴木重朝について、彼が伊達政宗に仕えた事実はない等々、種々の御教示を戴きました。記して謝意を表します。ありがとうございました。

お家断絶続出！　末期養子が禁じられた理由

担当のM君が首を傾げて言いました。「先に出てきた、佐野綱正なんですが。彼は家康の側室を連れて大坂城から脱出する、という使命を果たしている。加えて彼女たちを知人に預け、その上で伏見城に入城。名誉の討ち死にを遂げた。それなのに、自分の任務（側室を守りきる）を途中で放棄したとして、大減俸に処された。何だか家康らしくないやり方のような気がするんですけど」

たしかに。信長なら、「貴様たち家来は道具にすぎない。道具が自分で考えるのは、僭越だ！」とか言い出しかねない。でも、家康はケチだけど、働きに確実に酬いてくれそうだし、気まぐれで動かない冷静さをもってそうだし。なぜなのかな？　もしかして、あとで側室たちから、「殿。綱正はいやらしい眼で私を見るんです」、「こちらへ、と言いながら、手を握ってきました」、「私はお尻を触られました」なんて訴えられたのかな……。いや、いかにもありそうですけれど、想像のしすぎか（苦笑）。

さて、前項からの続きです。伏見城でがんばった鳥居元忠の子の忠政は、元和8（1622）年に22万石の大封を得ました。2年前には、徳川秀忠お気に入りの勇将、立花宗茂が旧領の筑後柳川に復帰しています（10万9200石。陸奥棚倉3万5000石から加増）。また同じ元和8年、やはり秀忠が好んで側に置いていた丹羽長重（関ヶ原戦役では前田家に挑んで奮戦）が、常陸江戸崎2万石から、陸奥棚倉5万石に加増されています。まさに秀忠色の強く出ている人事がこの頃にさかんに行われていたのだとすると、鳥居元忠の働きを高く評価したのは、関ヶ原本戦に間に合わずに悔しい思いをした、秀忠その人だったのでしょう。

譜代第2の大身になった忠政は寛永5（1628）年に亡くなり、跡を長男の忠恒が継ぎました。ところが彼はからだが弱かったために、子どもができなかったのです。寛永13年、33歳で死去。出羽新庄藩（山形県新庄市。6万石）に養子として入っていた同母弟、戸沢定盛に家督を譲るという遺言を残しましたが、これが幕府の末期養子の禁令に引っかかってしまったのです。

末期養子とは、後継者のない武家の当主が死に瀕したとき、家の断絶を防ぐため、緊急に縁組された養子のことをいいます。当主が実は死亡しているのに、周囲の者がそれを隠し、当主の名前で養子縁組を行うこともありました。

江戸時代初め、江戸幕府は、大名家の末期養子を禁じました。大名の家督を継ぐためには、前もって届出を済ませておくこと。さらに、将軍との謁見を済ませておくことが義務づけられました。何故そうする必要があったかというと、末期養子というのは、当主の意思の確認が困難だからです。極端な場合、家臣たちが共謀して当主を暗殺し、都合の良い当主にすげ替えてしまうかもしれない。

ただし、実のところ、それは表向きの理由にすぎませんでした。幕府としては、なるべく多くの大名を取り潰したい。そのためには、口実は多い方がいいわけです。後継者がないのでお家断絶、というケースは、中村一忠（伯耆米子17万5０００石）、田中忠政（筑後柳川32万5０００石）、堀尾忠晴（出雲松江24万石）、蒲生忠知（伊予松山24万石）など、多く見ることができます。

鳥居家もこの末期養子の禁により、家を取り潰されてしまいました。でも、その経過がどうも釈然としない。その点について、次項で述べたいと思います。

波瀾万丈！　２度もお家取り潰しにあった鳥居家

伏見城で武勲を立てた鳥居元忠の子、忠政は出羽山形22万石（石高直しによると24万石）の大封を得ました。彼はかなり厳格に領地を治め、領民からは「前の領主の最上さまが恋しい」と怨嗟の声があがりました。それでも、「古い（中世的な）」山形に終止符を打ち、現代につながっていく山形市の原型を作ったのは忠政だ、という前向きな評価もあるようです。

7年ほど藩主の座にあった忠政が亡くなると、子息の忠恒が嗣ぎました。病弱だった彼は、子がないまま8年後の寛永13（1636）年に死去。遺言では同母弟、戸沢定盛に家督を譲るとありましたが、末期養子は禁じられていたため、この相続は許されなかったのです。鳥居家はいったん取り潰されたのですが、元忠の忠義を惜しみ、忠恒の異母弟の忠春に信濃高遠（3万石余）が与えられました。

忠春ははじめ、失われた領地を取り戻そうと、様々にがんばったようです。ところがそれが徒労に終わると、暗君へと変貌。まあ、とんでもない話ですが、その気持ちは分かりますよねえ……。結局は、暴君ぶりに反発した（公的には、精神を病んだ）侍医に斬りつけられ、この時の傷がもとで40歳で死去しました。

忠春の子の忠則も、父同様に暗君だったらしく、よろしくない逸話がいくつか残っています。さらに元禄2（1689）年、江戸城の馬場先門に詰めていた彼の家臣が、旗本長屋を覗いた罪で逮捕されました。罪は主人に及び、忠則は家中不取締を理由に、閉門・蟄居を命じられた。何とも奇妙な事件ですが、この閉門中、忠則は44歳で急死。一説に自害といいます。先の家臣は舌をかんで死んだため、真相は闇から闇へ。でも忠則の死は、自然死ではないような気がしませんか？

幕府はあくまで忠則の家中不取締を咎め、相続を認めませんでした。鳥居家は2度目の改易処分を受けたのです。ですが、ここでまた元忠の伏見での忠節が思い出されます。名誉の家の消滅を惜しんだ幕府は、特例として忠則の子、忠英に能登国内のうち1万石を与え、能登下村藩を立藩させました。忠英は英邁な君主で、のちに若年寄に出世。加増を受け、下野壬生3万石の藩主になりました。鳥居家はここでやっと安定し、壬生の殿様として明治維新まで続いていきます。

鳥居家が波瀾万丈の歴史を歩まざるを得なかったのは、そもそも忠恒のあとの相続でつまずき、改易（初度）されたのが原因です。このとき大きな役割を果たしたのは、時の大政参与（大老にほぼ等しい）の任にあった井伊直孝でした。直孝は言いました。

「世継ぎのことをきちんと望み請わなかったことは、国の大法に背き、お上を軽んじるに等しい。かくの如き輩を懲らしめないとなれば、これから後、不義不忠の武士たちを罰することができなくなってしまう」(『寛政重修諸家譜』)。かくて、鳥居家の取り潰しが、いったんは実行されたのでした。

この話、外様の大名なら分かります。幕府は潰す気マンマンでしょう。でも、鳥居家は三河譜代。なぜ辛くあたるのか。井伊は譜代第一の石高を誇る家で、これに次ぐのが鳥居。いってみれば、井伊と鳥居は似た者同士なのです。おまけに鳥居忠政の娘は、直孝の兄、直勝の正室だった。直孝はあえて身内に厳しくし、綱紀の引き締めを目論んだのかな。……いや、どうも違うんじゃないかな……。

家康と重臣の後継者選定会議?

徳川家康の長男の信康は、よく知られるように、織田信長の命で切腹させられています。天正7(1579)年のことです。いやいや、遠江浜松を居城としていた家康と、三河岡崎城にいた信康の間には実は深刻な対立が生じていて、信康の自害は他ならぬ家康の望みだったのだ……。現在ではそうした説も提起されているようですが、さて、定説になるでしょうか。

関ヶ原の戦いの後に、どの子を家康の後継者とすべきか、家康と重臣たちによる会議がもたれた、という話があります。長男の信康は亡くなっているので、候補者は次男の秀康、三男の秀忠、四男の忠吉。年長なのは秀康ですが、父に愛されていなかったこと、早くに豊臣秀吉のもとに人質に出されていたことから、これを推す人はいなかった。かねてから嫡子の扱いを受けていたのは秀忠でしたが、関ヶ原本戦に遅参したため、評価を大きく下げてしまった。

これに対して忠吉は、福島正則を出し抜き、井伊直政とともに西軍との戦いの口火を切った。それで大いに面目を施しているところへ、直政が強力に忠吉を推した。けれども榊原康政が秀忠を弁護したことも一助となって、結局は秀忠後継で衆議がまとまった、というのです。秀忠が嫡子であることはすでに広く認められていたことでしたから、この話が史実であるとはちょっと考えられません。けれども、直政と忠吉の結びつきというのは、調べてみると、なかなか深いものがあるようです。

松平忠吉は天正8（1580）年、浜松に生まれました。母は秀忠と同じ、西郷局です。翌年、東条松平家をつぎ、三河・東条1万石、駿河・沼津4万石等を領知しました。家康が関東に移ると、武蔵忍10万石の城主となり、元服して忠吉を名乗りました。関ヶ原の戦いの後には、尾張・清洲52万石を与えられましたが、慶長12（1607）年に28歳で死去しました。清洲52万石は異母弟の義直に譲られ、これが徳川御三家の一つ、尾張・名古屋藩になっていきます。

幼い忠吉の後見を務めたのは、松平康親・康重の親子でした。この松平家は、もとは三河の在地領主である松井氏。東条松平家の家老で、武功を立てて松平を名乗ることを許されたのです。康親は沼津城主だった忠吉を守り立て、小田原北条氏と対峙するうちに病没。あとを嗣いだ康重は、後に丹波・篠山5万石の大名に。康重の子孫である「松井松平氏」の家系は、老中など幕府要職に就く人物を出しながら転封をくり返し（石見・浜田藩主が長い）、明治維新まで続いていくのです。

さて、井伊直政なのですが、彼の娘は松平忠吉の正室になっています。さらに直政の正室は、康重の姉、唐梅院（名は花と伝わる）でした。直政と唐梅院の間には、天正18（1590）年2月、嫡子が生まれました。父の直政と同じ幼名、万千代と名づけられたその子は、のちに直勝を名乗ることになります。

ところが同月、直政にもう一人の男子が生まれました。それが幼名弁之助、のちの直孝なのです。直孝の生母である印具氏は唐梅院の侍女との説があり、正室に遠慮した直政は直孝を当時の居城、上野・箕輪城内には入れず、会いもしませんでした。二人が親子の対面を果たしたのは、何と直政が没する前の年、慶長6（1601）年のことだといいます。なぜ、そこまでの遠慮を、唐梅院にしたのでしょうか？

井伊直政が正室を畏怖したワケ

井伊直政は正室でない女性に生ませた子を、城外で育てさせ、居城に入れませんでした。また、親子の対面も控えた。どうして直政がそうしたかというと、正室である唐梅院に気を遣ったため。では何故そこまで遠慮（畏怖、といってもいい程です）したかといえば、彼女が家康の養女だったから。それしか説明のしようがない。彼女は天正10（1582）年に家康の養女となり、2年後に直政に嫁いだ。

でも、ここでさらなる疑問が。家康はいかなる理由があって、彼女を養女にしたのでしょう？　以前、加藤清正について見たように、のちに家康は外様大名と縁組みを進めていきます。このとき重宝されたのが、実の娘に代わる養女でした。多少なりとも血の繫がった女性を養女に迎え、家康は外様の大名に配した。これは分かる。でも、唐梅院を養女にした頃、徳川家はさほど縁組み外交をしていない。それに彼女には、家康との血の繫がりがない。家柄も高くない。彼女の実家、松井松平家は、東条松平家の家老すじ。いってみれば、徳川宗家の家臣（東条松平）のそのまた家来なのです。そんな家の娘を、わざわざ養女にしたのはどうして？

まともに答えようとするなら、それでもやはり、他家との縁組み、でしょうか。天正10年というと、織田信長が滅び、家康が独力で近隣を制圧し始めた時期。調略の手段として政略結婚が想定され、養女が必要だった。でも結局、唐梅院が他家に派遣されることはなく、井伊直政の妻になった、というシナリオです。でも、そんなありきたりな事情なら、直政はここまで唐梅院に配慮したでしょうか。

そこでぼくは、妄想を膨らませます。彼女は家康の、いわば「お手つき」だったんじゃないかなあ。証拠は何もありません。でも、そんな気がする。家康には現代風にいうと「ロリコン」の気があって、ローティーンが好きなんです。以前にお梶の方（英勝院）という女性を紹介しましたが、彼女は若くして家康の側室になり、松平（大河内）

正綱に下賜された。お梶の方は家康の元に戻ってきますが、先輩格の唐梅院は井伊家にとどまった。そう考えると、すべてが説明できる。

証拠はない、と書きましたが、唐梅院の弟にあたる松平康重には、「家康の隠し子」説があります。前項で見たように、松井松平家は「身内にケチ」な家康から5万石の領地をもらい、幕府の要職に就いて幕末まで続く。優遇されている。それが「康重＝隠し子」説に結びつくのでしょうが、唐梅院が家康の寵愛を受けていたとなれば、隠し子などという無茶を設定せずとも、松井松平家の厚遇を説明できるのです。

まあ、唐梅院のことは、さておくとして。慶長7（1602）年、直政が没した時に、井伊家には同い年、13歳の2人の男の子が残されていた。兄が唐梅院の生んだ直継（のち直勝）、弟が慶長6年にやっと父との対面を果たした直孝です。もちろん嫡男は直継で佐和山18万石を受け継ぎ、彦根の城と城下町の建設に着手しました。

ところがこの頃、井伊家内部には深刻な対立があったのです。以前に、遠江・井伊谷の領主時代の井伊家に言及しました（女領主の井伊直虎ですね）が、この時期からの古参の家臣と、直政が出世する過程で召し抱えた新しい家臣たちがうまくいかなかった。それが兄弟の運命に深く関わってきます。

勇猛果敢の井伊家「赤備え」の由来

井伊家初代、直政のころ。同家の家臣団には潜在的な対立があったようです。一方は、井伊家が遠江・井伊谷で領主だった時期からの、いわば「古い」家臣たち。一方は、直政が徳川家康に仕えて累進していく過程で採用された、「新しい」家臣たち。井伊家といえば、朱色の武具を身にまとって果敢に戦う「赤備え」で有名ですが、もともとこの赤は戦国最強を謳われた甲斐・武田家に由来します。信玄の重臣、山県三郎兵衛昌景(長篠の戦いで戦死)の部隊の赤。

信玄を尊敬した家康は武田家の旧臣を多く召し抱え、井伊家に配属させました。それで、井伊家の「赤備え」が生まれた。だから、徳川軍の先鋒を務める「武勇の井伊家」のアイデンティティは、新参の家臣たちが築いた、ということができる。由緒が重視されたこの時代、普通は古くから仕えている者たちが幅をきかせます。たとえば徳川家臣団は最古参が安祥譜代、続いて岡崎譜代、駿河譜代と数えていき(『柳営秘鑑』)、酒井・大久保・本多などの安祥譜代の家々が重んじられる。でも井伊家内は、ちょっと勝手が違ったのかもしれません。

直政は、自身も献身的に家康に仕えたけれど、家臣に対して苛酷な奉公を要求する、おっかない殿さまでした。あんまり厳しいので、井伊家を辞去したいと家康に直訴する者がいたり。卑怯な振る舞いをした、として手討ちにされた者が少なからずいたり。ただ単に直政のキャラクターなのか、そうしなければ家中の統制が取れなかったのか。それでも、とりあえず直政のもとでは、家臣たちはまとまっていた。ところが彼が亡くなると、対立が激しくなったわけです。

西国への備えである井伊家が内紛を抱えているのは、徳川幕府としてはまことによろしくない。それで大坂の陣を機に、幕府は荒療治に出ます。病弱であった兄の直継をさしおき、弟の直孝を井伊隊の大将に指名したのです。直継には井伊家領の中から上野安中3万石を分知。残りの彦根15万石は直孝に与える。それで、井伊谷以来の古参家臣は安中へ。新規採用組は彦根に振り分けられました。直継は直勝と改名。「継ぐ」というニュアンスが憚られたのでしょう。加えて、第2代当主という肩書きも抹消されました。後世の井伊家の歴史では、直継は当主のうちに数えられません。

安中の直勝に与えられた役目は、附近一帯の警護。大坂の陣は大坂城を攻め落とすのが目的の戦いですから、地理的な条件から見て、無役というに等しい。その直勝を尻目に、井伊本隊を率いた直孝は大活躍。夏の陣では藤堂高虎とともに先鋒を務め、大坂方の木村重成・長宗我部盛親の部隊を撃破（八尾・若江の戦い）。ついで大坂城の山里郭を包囲し、淀殿・豊臣秀頼を自害に追い込みました。日本一の大手柄と賞され、5万石を加えられています。

このあと直孝の人生は順風満帆。徳川秀忠に厚い信頼を寄せられ、また5万石の加増。秀忠は臨終に際して直孝と松平忠明（家康の長女、亀姫の子息）を枕元に呼び、次代の家光の後見役に任じました。これが大政参与と呼ばれる役職で、大老職の元のかたちといわれます（異説あり）。その後、家光からも信任されて再び5万石の加増。彦根藩はさらに天領の城付米預かりとして2万石（知行高換算5万石）を付与され、35万石の格式を整えますけれども、ともかく直孝は大坂の陣の褒賞も含めると15万石を稼ぎ出した。こんな人物は他に例がありません。

秀忠は「ガチムチ」がお好き

井伊直孝は譜代大名の筆頭として幕政をリードし、万治2(1659)年、70歳で亡くなりました。一方の直勝(直継から改名)は上野安中藩3万石の殿様として73歳まで生きました。病弱を理由に彦根藩主の座から降ろされた直勝の方が、長生きしたのです。まったく皮肉な話ですね。

彦根藩(藩主は直孝と同じく、代々掃部頭に任じる。掃部頭家と呼ばれる)はこのあと5人もの大老を輩出。幕末の直弼へと連なっていきます。直弼が桜田門外の変で倒れると、幕政の混乱の責めを負わされ10万石を減封。そのためか大政奉還後はあっさり朝廷に帰順し、明治維新後は華族(伯爵)に列せられました。

一方の安中藩主となった井伊兵部少輔家(代々が直政の職名を受け継いだので)は、安中から三河西尾、遠江掛川へと転封。直勝の曾孫である直朝が病弱で改易されましたが、掃部頭家から直矩を迎えて家名再興が許され、2万石の越後与板藩主として何とか続いていきました。

わけが分からないのは、幕府がなぜ直孝を彦根藩主に据えたか、です。ぼくの想像

（明証はないが自信あり）では、直勝の母は家康の愛人だった。それなら、直勝を応援するでしょうに。となると、①愛人、という推察がまちがい。②直勝が、家臣たちの補佐では足りぬほど暗愚。どちらかが考えられます。

ただし、直勝を排して直孝を、という人事は、家康ではなく秀忠主導だった、とも考えられそうです。根拠は、直孝の経歴。彼は直政の死後は江戸にあり、近習として秀忠に仕えました。慶長13（1608）年に書院番頭となり上野・刈宿5000石。2年後には上野・白井1万石の大名となり、同時に大番頭に。また慶長18年には伏見城番役となるなど、秀忠のもとで頭角を現していく様子が確認できます。

秀忠という人は、前にも触れましたが、歴戦の武闘派、マッチョな人物（最近はこういう人を「ガチムチ」と表現します）が好き。立花宗茂・丹羽長重・仙石秀久などです。もしかすると、彼の奥さんのお江も、父の浅井長政に似た、ガチムチ女だったかもしれない（美形であったら好色な秀吉が黙っているはずがないから、さほどの美人とは思えないし、子どもを数多く産める体力の持ち主だったろうし）。

直孝の肖像が井伊家に残っていますが、確かにガチムチなオヤジです。しかも言動がものすごい。永井尚政（秀忠の小姓から立身して老中にまでなった。のち山城淀で10万石）がはじめて幕府の要職に就いたとき、直孝に助言を請いました。それは当然、政治向きのものであったはずです。

ところが直孝は「油断をしてはならない」と答えたのです。賊が現れたら、身の回りの武器で直ちに応戦せよ。先ず槍。槍がなければ刀、刀がないなら脇差、脇差がなかったら体でぶつかれ。他人に先んじて敵を倒すことが肝要、と。

いや、それはどう考えても、幕府役職者の心得ではないでしょう。でも、直孝は江戸城内で執務していても、常に戦場にいる心がけを忘れるな、というタイプの筋肉オヤジ、もうちょっと格好良く言うなら、「古き良きつわもの」なのです。秀忠は、おそらくこういう人が好きだったのです。

「家康のご落胤」説まで生んだ謎

議論が多岐に亘ったので、もう一度、まとめてみましょう。

○家康の四男、忠吉は東条松平家をついで、のちに尾張・清洲52万石の大名になった。

○東条松平家の家老を務めた松井家は松平姓を与えられ、康重はやがて和泉・岸和田6

万石の独立した大名となった。
○松井松平家の娘（出家後の名は唐梅院。康重の姉）は徳川家康の養女となり、2年後に井伊直政に嫁いだ。直政は他の女性との間に儲けた男子（のちの直孝）を認知しないなど、彼女にとても気を遣っている。
○直政の娘は松平忠吉の正室になっている。
○松平康重には家康の落胤説がある。
　現存する天守閣で有名な犬山城（愛知県犬山市。別名は白帝城）の城主は成瀬家。その実質的な初代当主、成瀬正成（１５６７〜１６２５）は幼少の頃から家康の側近くに仕え、大御所時代の家康の家老（幕府老中の前身）を務めるまでになりました。徳川義直の尾張藩が成立すると、懇望されてその付家老となり、３万石を領します。

　正成と経歴が似ているのが安藤直次で、彼も早くから家康に仕え、小牧・長久手や関ヶ原での戦いで活躍。正成と同じく、駿府の大御所・家康の家老となります。徳川頼宣の付家老になって、紀伊田辺３万８０００石を領しました。

　松平康重は松平忠吉を守り立てる立場にいた。その意味で、正成、直次と同じところにいます。さらに正成と直次は、家康の家老を務めたほどの人物です。いってみれば、初期徳川政権の重鎮。これに対して康重は、政治向きの貢献はしていない。それなのに東条松平家を離れて独立大名になり、石高も高い。また、彼が岸和田に移る前に居城にしていた丹波・篠山城は、全国の大名に工事を請け負わせる「天下普請」で作られた名城でした（彦根城も同じく天下普請）。この差はなんでしょう。当時の人々も不思議に思い、落胤説を作ったのかもしれません。

やはり松井松平家と家康には、妙な何かが隠されていそうです。むしろ唐梅院が家康の隠し子なのかな、とも考えました。けれども、そうであれば井伊直勝は家康の外孫になるわけですから、さすがに直勝を排して直孝に跡を取らせたりはしないでしょう。やはり唐梅院は家康の愛人で、それを養女として直政に賜ったというのが、いちばん納得できると思います。

さて、そこで、もうお忘れかもしれませんが鳥居家です。鳥居家は山形で22万石を領し、譜代大名中、井伊家に次ぐ第2位の石高を誇っていた。ところが忠恒が子なくして没したため、大政参与（のちの大老）であった井伊直孝の意見によって、一旦は取り潰しの憂き目にあった。ここで注目すべきは、直勝の正室が鳥居忠政（忠恒の父）の娘であったことです。

『徳川実紀』は、直勝がいまだ彦根藩主の時代から、正室の処遇をめぐって、井伊家と鳥居家が争っていたと書いている。でも、これは事実ではありますまい。これまで見てきたように、深刻な対立は直勝と直孝にありました。縁戚という太いパイプで直勝と結びつく鳥居家は、直孝にとって、強力な敵でした。その鳥居家の当主が無嗣で亡くなった。これに乗じない手はない！　直孝はそう考え、鳥居家取り潰しに向け、力強く議事をリードしたのではないでしょうか。

初出　『週刊新潮』２０１２年６月21日号〜２０１４年２月６日号連載「戦国武将のＲＯＥ」

本郷和人　1960（昭和35）年東京
生まれ。東京大学史料編纂所教授。
東京大学・同大学院で石井進氏、
五味文彦氏に日本中世史を学ぶ。
中世政治史、古文書学専攻。著書
に『天皇はなぜ生き残ったか』など。

Ⓢ新潮新書
609

戦国武将《せんごくぶしょう》の明暗《めいあん》

著　者　本郷和人《ほんごうかずと》

2015年３月20日　発行
2015年３月25日　２刷

発行者　佐　藤　隆　信

発行所　株式会社新潮社
〒162-8711　東京都新宿区矢来町71番地
編集部(03)3266-5430　読者係(03)3266-5111
http://www.shinchosha.co.jp

印刷所　大日本印刷株式会社
製本所　加藤製本株式会社

ISBN978-4-10-610609-5　C0221

価格はカバーに表示してあります。

Ⓢ新潮新書

312 天皇はなぜ生き残ったか　本郷和人

武士に権力も権威もはぎ取られた後、かろうじて残った「天皇の芯」とは何であったか。これまでほとんど顧みられることの少なかった王権の本質を問う、歴史観が覆る画期的天皇論。

001 明治天皇を語る　ドナルド・キーン

前線兵士の苦労を想い、みずから質素な生活に甘んじる——。極東の小国に過ぎなかった日本を、欧米列強に並び立つ近代国家へと導いた大帝の素顔とは？

170 明治天皇の一日　皇室システムの伝統と現在　米窪明美

伝統と革新の間で揺れる平成の皇室。だが苦悩は、すでに「明治」から始まっていた。堅苦しい宮中のシステムが、なぜ生き続けるのか？　天皇家の普段の生活ぶりから、その謎に迫る。

018 天皇家の財布　森　暢平

皇居の水道、電気代って？　家計をやりくりするのは誰？　きらびやかな宮中晩餐会の費用はどのぐらい？　情報公開法を駆使して「皇室の家計簿」を大検証。

173 歴代天皇のカルテ　篠田達明

病歴、死因はもちろん、平均寿命、后妃の数、もうけた皇子女の数、あるいは精神医学まで……。男系万世一系はいかに成されてきたか、「病い」という観点から論じた初の試み。

Ⓢ新潮新書

255
幻の大連　松原一枝

張作霖爆殺、満州国誕生、男装の麗人・川島芳子、元憲兵大尉・甘粕正彦、闇の阿片王……そこは世界で最も美しく、猥雑な都市だった――。齢九十二の女性作家が語る、生の昭和史。

261
教養としての歴史　日本の近代(上)　福田和也

アジアの小国から世界標準の国家を作りあげた苦闘の道程をたどりながら、著者の卓越した歴史観を通して、「日本にとっての近代とは何であったのか」を大胆に整理する。〔全二冊〕

262
教養としての歴史　日本の近代(下)　福田和也

第一次大戦後に五大国として列強と肩を並べてから敗戦までの約三十年。日本人の歩んだ道は間違いだったのか？　戦前の日本の複雑怪奇な歴史の疑問が氷解する近代史完結編。

271
昭和史の逆説　井上寿一

戦前昭和の歴史は一筋縄では進まない。平和を求めて戦争に、民主主義が進んでファシズムになる過程を、田中、浜口、広田、近衛など昭和史の主役たちの視点から描き出す。

273
地獄の日本兵　ニューギニア戦線の真相　飯田進

敵と撃ち合って死ぬ兵士より、飢え死にした兵士の方が多かった――。退却する日本兵は魔境、熱帯雨林に踏み込む。85歳の元兵士が描き出す「見捨てられた戦線」の真実。

Ⓢ新潮新書

275 気骨の判決
東條英機と闘った裁判官
清永聡

太平洋戦争中、特高の監視や政府の圧力に負けず、信念を貫き命がけで政府を裁いた裁判官がいた。戦後「幻の判決」と呼ばれた「翼賛選挙訴訟」の真実に迫る感動のノンフィクション。

343 戦後落語史
吉川潮

落語協会分裂騒動、立川談志一門の協会脱退など、六十年の歴史を総ざらい。栄枯盛衰を経てなお、人気を誇る落語の底力が分かる。現在の落語界が見えてくる格好の入門書。

365 歴史を動かしたプレゼン
林寧彦

コロンブス、豊臣秀吉、大黒屋光太夫、クーベルタン男爵……壮大なプロジェクトを実現させた偉人たちのプレゼンを解剖すると、不可能を可能にするプレゼン術の極意が見えてくる。

379 大女優物語
オードリー、マリリン、リズ
中川右介

『ティファニーで朝食を』はマリリン・モンロー主演だったかもしれない。ハリウッドを代表する大女優三人の運命は、思わぬ場面で絡み合っていた。類い稀なる美貌と野望の物語。

392 茶
利休と今をつなぐ
千宗屋

戦国武将が熱狂した理由は？　なぜ茶碗を回す？　死屍累々の歴史や作法のロジックを踏まえつつ、利休の末裔、武者小路千家の若き異才の茶人が語る、新しい茶の湯論。

Ⓢ新潮新書

400 大本営参謀は戦後何と戦ったのか 有馬哲夫

国防軍創設、吉田茂暗殺、対中ソ工作……。大本営参謀たちは戦後すぐに情報・工作の私的機関を設立し、インテリジェンス戦争に乗り出した。驚愕の昭和裏面史。

414 日本人の叡智 磯田道史

先達の言葉にこそ、この国の叡智が詰まっている。日本史にその名を刻む九十八人の言葉と生涯に触れることで、日本人であることの幸福を実感できる珠玉の名言録。

436 日本人の美風 出久根達郎

篤志、陰徳、勤倹力行、義理、諧謔、思いやり……この国には、不朽の礎がある。日本人ならではの美点を体現した人びとの凄みを、歴史の襞の中から見つけ出す秘話七篇。

439 法然親鸞一遍 釈徹宗

〝悟り〟から〝救い〟の道へ——。凡人が救われる道を示した法然。「悪人」の仏道を説く親鸞。遊行の境地に達した一遍。仏教に革命をもたらした、日本浄土仏教の真髄に迫る。

441 リーダーシップ 胆力と大局観 山内昌之

強いリーダーシップの不在が叫ばれて久しい。吉田松陰、リンカーンなど古今東西の歴史に刻まれた記憶から、いまリーダーに求められる覚悟を説く、歴史家からの警世。

Ⓢ新潮新書

469
ハーバード白熱日本史教室　北川智子

レポートのテーマは映画作りとタイムトラベル！「大きな物語」としての日本史を語り、体験型の授業でハーバードの学生たちを熱狂させた日本人女性による「若き歴史学者のアメリカ」。

471
黄金の日本史　加藤廣

歴史は「金」で動く。金を手中にする者のみが覇者となるのだ――教科書のウソを暴き、金欠国家への道をデータで証明する空前の試み。時代小説界のエースが放つ目ウロコの日本通史！

495
「忠臣蔵」の決算書　山本博文

潜伏中の家賃、飲食費、会議費、そして武器購入費――大石内蔵助はあの「討ち入り」の費用詳細を帳簿に遺していた。一級史料をもとに歴史的大事件の深層を「金銭」から読み解く。

499
卑弥呼は何を食べていたか　廣野卓

邪馬台国で人気の料理とは？　古代天皇家の晩餐とは？　アワビ、エビ、カニ、焼肉、海藻、チーズ、美酒、甘味……木簡などからよみがえる、美味、新鮮、医食同源の「古代の食卓」。

505
武士道とキリスト教　笹森建美

武士の切腹は宣教師の殉教に通じる。「義」は「愛」に呼応する――人の生死を問う二つの「道」には驚くべき共通点があった。牧師にして日本屈指の剣術家が説く、混迷を生きる心得。

新潮新書